〔ワイド版〕

禅

鈴木大拙
工藤澄子 訳

筑摩書房

目次

禅

はしがき

この書は、自分が過去四五十年間に公にした大小の英文の著作から、主として禅の本質と解せられるものを選出して邦訳し、一小冊としたものである。それで、この書を一読すれば、大体、近代的に禅の何たるかを知得することができるわけである。しかし禅は知得するだけでなく、体得がなくてはならぬものゆえ、その知得底だけで満足すべきでないことは、今さら言うまでもないと信ずる。

ところで、この知得底であるが、これは時代と場所によりて、いくらかずつその表現に変化があるものと心得なくてはならぬ。今から千年前の表現法、東洋の一角で形成されたものを、そのまま今日世界一般の読者に押しつけるわけにはゆかぬ。まして、同じ歴史的文化的環境に成育していない欧米人に、われら東洋人の製作品をそのままに、昔のままに、見せて、かれらの了解を要求しても、それは理不尽である。禅を海外に知らするには、中国文、または日本文的表現のままではいけない。

英文の禅は、その表現法において、古来の禅録そのままのものと、かなりの隔りのあるのは、かえって禅の見方に対して、何か新しいものを提出し得ることにもなろう。英文のものをまた邦文に直《なお》すということも、その意味で、まったく無益な仕業《しわざ》でもあるまいと信ぜられる。

　禅は中国で発展し完成した霊性的産物である。それで中国文の表現法、中国民族の心理的特性の上に、禅の妙処が遺憾なく発露しておる。それを他民族の表現法に移植すると、その妙処は十分に味わわれなくなる。これはやむを得ない次第である。それゆえに、われらはいつも心を広くし、胸を開いて、異色、異質の文化なり、情調なりを取り入れる用意をしておかなければならぬ。殊に近来は二度の世界大戦争を経験した後であるから、世界はもはや今までの各国土、各国民、各自独立の世界でなくて、お互いに手を握り肩を並べて、仲よくしていかなければならぬ世界になった。つまり世界は一丸になって来たのである。相互了解、共存共栄、同胞相助の世界になって来たのである。自分だけを善《よ》しとして、他を圧倒し、亡滅せんとするごとき、今までの態度は、まったく棄て去るべき時代になったのである。それゆえ、東洋民族のわれらも、従来の態度――「自分だけよければ」という態度を和《やわら》げて、多少自分を曲げても、他を容れるべき余裕を持たなくてはならぬ。禅もまた、それゆえに、従来の型にのみ拘泥しておるべきではあるまい。原文の妙処、長所を犠牲にしても、これを他にわからせるよう、まず、その工夫を凝らさなくてはなるまい。

ここに英文をまた邦文にする意味があると言えよう。

手近な一例を挙げる。『臨済録』という書物がある。今から一千年前にできた、中国で唐時代の作である。臨済禅ではこの書をバイブルのように取扱うのだが、その中に出て来る文字に頗《すこぶ》る簡勁で、直ちに人の心胸を貫くほどの文字が随処にある。これを日本の現代語に、どう訳するかも問題だが、これを欧州語にするには、幾層倍の努力を要する。それでも、その中の知性的意義だけしか捻出し得ないと信ずる。それではその表現全体を裏付けておるものに届かぬ。

「大用《だいゆう》現前、不レ存セニ規則ヲ一」というのを引合いに出して見る。「大用」とは、「大きな働き」の義であるが、それはただ文字の上だけで読むべきでない。「働き」は、なんでもよいが、「大」は絶対の義である。「絶対の働き」とは、たとえば、キリスト教などの神が「光あれよ」と言ったときのごときをいうのである。または釈迦が母胎から出ると、直ちに「天上天下唯我独尊」と絶叫したという、その叫びである。この働きは、自然界の規律とか、社会的約束とか、知的法則とかいうものに、括《くく》られぬところのものである。すなわちなんらの「規則に拘《とら》えられる底」のものではないのである。これがまた「随処ニ作レバレ主ト、立処皆真ナリ」の意義である。キルケゴールのいわゆる“Truth is subjectivity”なるものでもある。しかしこれが会得せられるのは、多少の反省を要するので、文字の上だけの会得では、本物にはならぬのである。

東洋民族——その中に日本も中国も含めての、民族の物の見方は、いつもその物の二つに分れぬさきに、目を着けるのである。あるいは物の内側から見ると言ってもよい。この見方は欧米民族のとまったく違う。二つに分れてからは、能所の分別があり、主客の対立がある。分れぬ先には無分別があり、非対立がある。この世界では、それゆえに、言語文字を第二義として、それ以前に踏み入ることを第一とする。そのようなことが可能かと尋ねるのが、普通一般の世界である。禅の仕事は、この不可能を可能ならしむるところにある。ゆえに禅では「不立文字《ふりゆう》」と言って、対立の世界から飛び出すことを教える。しかし人間としては、飛び出しても、また舞い戻らぬと話が出来ぬので、言葉の世界に還る。還るには還るが、一遍飛び出した経験があれば、言語文字の会し方が以前とは違う。すべて禅録は、このようにして読むべきである。

こんな塩梅《あんばい》で、中国文字の含蓄性を、たとえば英文などに訳すると、余韻がなくなるので、頗る索然たる思いをするが、その散文的なるところに、また近代的なものがある。そこは近頃の日本の読者層にも訴えるものがあると考えられる。この書の作成の意義はそこにある。実際をいうと、今自分が筆を執るとすると、数十年来書いたものの上に、今また多少とも新たなものを加えたいのであるが、これは今の問題でない、また他日を期する。

訳者の工藤女史は禅の研究家で、英文にも堪能で、鋭い思索力の持主である。これほど適当な訳者はないと言ってよい。それから一度訳文を読んでくれた秋月君は、さきに『趙州録《じょうしゅうろく》』の校訂をしおおせた日本における禅界の達者である。

この書出来上りの因縁を略述して、序文とする。

昭和三十九年十二月

鈴木大拙

第一章 禅

禅*は、仏教の精神もしくは真髄を相伝するという仏教の一派であって、その真髄とは、仏陀が成就した〈悟り〉(bodhi, 菩提)を体験することにある。したがって禅は、仏陀がその永年の遊行の間に説いた教示、もしくは説法にただ盲従することを拒《こば》む。言葉や文字は、仏教者の生活がそこから始まり、そこに終る目標を単に指し示すにすぎないとする。

* 梵語〈dhyāna〉の音写〈禅那〉を略したもの。

禅は、伝説では、インドに起り、六世紀のはじめに菩提達摩《ぼだいだるま》(Bodhidharma)によって完成した形で中国にもたらされたと考えられている。しかし、その事実上の起源は中国にあり、中国禅宗の第六祖と称せられる慧能《えのう》(六三八—七一三)に始まる。ディヤーナ(dhyāna, 禅那、禅定)をのみ重んずる考えに対し、強くプラジュニャー(prajñā, 般若、智慧)の喚起を主張したのはかれ慧能であって、この事実が、それ以来禅として知られてきたものの起源をなすのである。ディヤーナ（禅定）の実行は、ついにはプラジュニャー（智慧）を導き出すかもしれないが、これを禅の目標とは考えるべきでない。なぜならば、禅の意図するところは、つねには智慧が眠っている意識の奥底から、その智慧を喚び覚ますことにある。

プラジュニャー（prajñā，智慧）はヴィジュニャーナ（vijñāna，知識）に対する。もしヴィジュニャーナ（知識）をわれわれの相対的に限定された知識を意味するものとするならば、プラジュニャー（智慧）は最高度の直観に相当する。慧能の時代には、心を鎮めるディヤーナ（禅定）の実行によって精神の集注をはかる偏った傾向が大勢を占めていたが、かれはこれに反対して、プラジュニャー（智慧）の覚醒を強調した。かくて慧能は、中国仏教の歴史の中に革命的な動きをひき起したのである。

インドの哲学思想においては、ナーガールジュナ（竜樹）の中観学派がプラジュニャー（智慧）の意義を指摘して、シューニヤター（śūnyatā，空）の深淵を透見するものとしている。しかし、中国の禅を、インドに源を発するすべての哲学的思想からはっきり区別しているものは、具体的な有限の世界から遠くさまよい離れた抽象的な形而上学的思索に、まったく関心をもたぬという点である。禅はこの著しい特色を、「問答」の形で示している。禅の「問答」は生命そのもののから迸《ほとばし》り出で、思惟作用や表象作用ごときの介入を抜きにして、じかに生命にぶつかる。だから、それはすがすがしく、溌剌としている。「問答」においては、神、救済、啓示、罪、赦しなど、通常宗教的もしくは精神的と考えられている問題にはまったく言及されない。この欠如はまことに顕著である。われわれの高い精神的な願いは言うにおよばずとして、日常の生活に、智慧の目覚めがどんな意味をもっているのだろうか。禅は、皿を洗うことに救いを見出すというのか。土を耕すことに、物を売ることに、救いを見出すというのか。花を眺めることの中に、あるいは挨拶を交すことの中に、何か啓示があるのだろうか。禅僧が時々やるように、訳のわからない叫びを発することに何らかの解脱があるのだろうか。禅は議論をしたり、学説を立てたり、説教したり、説明を試みたりすることを拒む。それどころか、自分の中から出てきた問いに対する答えは、自分自身の中に見つけ出せ、と言う。なぜならば、答えは問いのあるところにこそあるからである。禅僧は言う、「わしの言葉はわしのもので、お前のではない、お前のものとはなり得ない。すべてはお前自身の中から出てこなければならぬ。」

　禅が、自分自身の中にプラジュニャー（智慧）を喚起せよと強調する時、それは、時に考えられるように、禅は仏教を頭から否定するという意味ではない。その反対に、禅はまさに、仏教の教えの枠の中に生きる。その教えは二つの要素からなる。プラジュニャーとカルナー（慈悲）とである。かくて、禅もまた仏教体験のカルナーの面を強調する。そして、慈悲とは、同胞がプラジュニャーの自覚に到るのを助けようとして、さまざまの工夫を生み出す創造の源なのである。

ひとりの僧が師匠にたずねた、「悟りを体験する以前の人はどんな人間でしょうか。」「わしらと同じ、普通の人間だ。」「では、悟りの後はどうでしょうか。」「頭は灰だらけ、顔は泥まみれ。」僧はさらに問うた、「それで結局はどういうことですか。」「ただそれだけだ。たいしたことはない。」これが答えであった。

「頭は灰だらけ、顔は泥まみれ」（灰頭土面）は、典型的な禅の表現である。それは、禅者はその生涯の一歩一歩を、人類の幸福全般のために力をつくすという意味である。「お茶を一杯おあがり」（喫茶去）、これも禅者の社会的関心を表わす有名な禅表現の一つである。禅においても、仏教の他のすべての宗派と同じように、カルナーとプラジュニャーが車の両輪のように、ともに働く。

ある僧が、雪峯（八二二―九〇八）の許を辞し、霊雲を訪ねて問うた、「仏陀、出生以前の世界はどのようなものでしたでしょうか。」霊雲は払子《ほっす》（もと虫を払うために用いた道具、今日では一種の宗教的用具）を立てた。「仏陀出世の後の世界はどうですか。」霊雲は、前と同じように払子を立てた。その僧が雪峯のところに戻ると、師はたずねた、「なぜこんなに早く帰ってきたのか。」僧は、霊雲との出合いの一部始終を語って、かれは全然霊雲を解し得なかった由をつけ加えた。雪峯は言った、「わしに問え。わしが教えよう。」僧が最初の質問をくりかえすと、雪峯もまた払子を立てた。第二の問いをすると、雪峯は払子を投げ出した。そこで僧は一礼した。師はかれを打った。この出来事において、払子の使用はプラジュニャー（智慧）であり、他方、師の打擲はカルナー（慈悲）である。

禅は中国において、唐《とう》（六一八―九〇七）、宋《そう》（九六〇―一二七九）の時代にもっとも栄え、明《みん》（一三六八―一六四四）に入って、衰微の兆《きざ》しをみせはじめた。第二次世界大戦の直後から、欧米で禅にかなりの関心がもたれるようになった。おそらくは、一つには、日本人の生活、文化への一般的な関心の目覚めを反映してであろう。禅が今なお生きた力としてあるのは、日本においてのみである。一九五〇年代において、その帰依者はおよそ四百五十万を数える。

第二章　悟り

一

仏教は仏陀の「悟り」の体験を中心に回転している、と自分は思う。〃仏陀《ぶっだ》〃（Buddha）とは〈覚《さと》れる者〉を意味し、〃悟り〃の原語は〃ボディ〃（bodhi, 音写して菩提）であって、〃仏陀〃も〃菩提〃も、ともに「目覚める」、「覚知する」などの意味をもつ共通の語源〃ブドゥ〃（budh）からきている。かくて、仏陀とは、目覚めた者、相対性、制約性の生から目覚めた者である。その説くところは〃ボディ〃（菩提）すなわち「悟り」、もしくは、〃サンボディ〃（saṃbodhi, 三菩提）すなわち比類のない「完全な悟り」である。仏陀の教説は、かれの「悟り」を基礎とする。そしてその目的は、われわれひとりひとりを、この「悟り」に到らしめることにある。だから、仏教とは、この自分の外にあって、自分とは何ら直接の関係をもたない、などというようなものではない。仏陀は、徹底した個人体験の主張者であった。かれは弟子たちに、権威や長老者にただ憑依することなく、それぞれの個人的体験を重んぜよと、力をこめて説いた。自分自身の解脱のために、めいめい力のかぎりを尽すよう教えたのである。『法句経《ほっくぎょう》』に次のような詩がある。

まことに、みずから悪をなしてみずから傷つき、
みずから悪をなさずしてみずから浄《きよ》らかである。
浄と不浄とはおのれみずからに属し、
誰も他人を浄めることはできない。*

* 『法句経』一六五、一六六。

これは、あまりにも個人主義的にすぎると思う者もあろう。だが、結局は、人は喉《のど》が渇いた時には、みずからの手でコップを傾けなければならない。天国、もしくは地獄では、誰も自分の代理をつとめてくれる者はないではないか。「悟り」は、めいめいが自分で体験しなければならない。だから仏教は、仏陀の「悟り」に基づくその教えを、弟子たちがただ鵜《う》呑《の》みにすればよいというようなものではない。それは弟子たちがそれぞれ自分自身の体験によって、みずからそれを味わう時に成立するのである。だから、仏教を学ぶには、

われわれは何よりもまず、「完全な悟り」とは何かということを看取しなければならない。

ではじめに、仏陀はどのようにして、「悟り」の体験に到ったかをたずねてみよう。かれはいかにして正覚《しょうがく》を成就したか。他のすべてのインドの聖者、哲人と同じように、仏陀の第一の関心もまた、生死の束縛から解き放たれることであり、存在の手かせ足かせから自由になることであった。存在が制約されたものであるかぎり、それはつねに、われわれを何ものかに拘束する。拘束は緊張である。これが、われわれすべてがつねに置かれている人間の状態である。そしてこの人間存在の現実相に思いをいたすほどの者は、誰しもが、たえずこの現実を超越せよとうながす何ものかをわがうちに感ずる。われわれは不滅を願う。永遠の生命を願う。絶対の自由を願う。解脱を願う。この点において、仏陀は、人並《ひとなみ》すぐれて鋭敏であった。かれはあらゆる方法を尽して、存在の束縛から解放されることを願った。

この願い、もしくは望み、もしくは衝動は、まったく人間的である。つまり、これは、われわれが自分自身の姿を省察し、おのれを内からまた外から取り囲んでいるものを認識し、そして自分をいま生きているこの生から引き離すことができるという能力ゆえに生ずる願いなのである。この願いは、これを形而上学的な術語に訳して言えば、「実在の究極的意味の探究」となる。そしてこの探究は、次のようないくつかの問いの形で表わされる。

「人生は生きるに値するものであろうか。」「人生の意義は何か。」「われわれはいずれからきたり、またいずこに去るのであろうか。」「このような問いをおこすこのわれとは何か。」「この世の外に何者かがあって、おのれの気まぐれを満足させるために、世界を思いのままに動かしているのであろうか。」等々。

これらの問い、ならびに同じ性質のその他多くの問いは、一見どんなに異なっていようとも、実はみな同一の源泉から出たものである。それらはみな、生命の究極の運命についての問い、実在の意味についての問いなのである。そこでわれわれは、これらの問いをすべて一つに要約して問う、「実在とは何か。」哲学者や、いわゆる宗教に関心の深い人々は、この究極の問いに対して、それぞれ回答の方法をもつ。そして、仏教者、ことに禅仏教者もまた独自の回答をもつが、それは、哲学者のそれとも、いわゆる宗教に深い関心を寄せる者のそれとも異なる。これらの人々は、たいてい問題を呈せられたままの形で、すなわち、客観的に解決しようとする。問われたままの形で問題を取り上げ、問いが提起されたと同じ仕方でそれに答えようとする。

しかるに仏教者は、その問題の出できたった源泉、もしくは根源そのものに到って、そもそもなぜこのことが問われなければならなかったかを突きとめようとする。「実在とは何か」という問いが与えられるならば、かれらは問いをそのまま取り上げないで、ひるがえって質問者自身にまで到らんとする。だからその問いはもはや抽象的なものではなく、人が、生きた人が、登場してくる。その人は生命の躍動する人であり、問いもまた同様である。それはもはや、抽象的、非人間的、あるいは超人間的な問いではなく、生々として、質問者その人にじかに結びついている。弟子が「仏性《ぶっしょう》とは、実在とは何か」と問うならば、師は、「お前はだれか」、「お前はどこからその問いを持ってきたのか」と反問して、答えを迫るであろう。あるいは、師はその質問者の名を呼ぶかもしれない。その僧が「はい、師匠よ」と答えるならば、師はしばし沈黙し、そして問う、「わかったか。」僧はわからないという。「この馬鹿者め。」これが師の裁決であろう。

　問いはけっして問う者から引き離さるべきではないとするのが、仏教の行き方である。両者が分たれているかぎり、問う者に解決はもたらされないであろう。

二

　一体、どうして問いがなされることになったのか。質問者は、どうして問いをしようと思うにいたったのか。問うということは、問う者が自己を実在から引き離してみた時、はじめて可能になる。かれはその外に立ち、それから自己を引き離し、それを見つめて、問うていう、「これは何か」と。これは、われわれ人間にだけ許された特権である。動物には、とうていこのようなことはあり得ない。かれらはただ実在を生きるだけである。問いなどというものは、かれらには全然ない。かれらは幸福でもなければ、不幸でもない。ただ物事を来《きた》るがままに受けるだけである。われわれは自分を現実の外に置くすべを知っており、そこから現実を考察して、現実についてさまざまな問いを呈する。そしてそのために、みずから苦しみ、また時にはみずから楽しむ。しかし、その問いがわれわれにとってきわめて重大なものである場合には、もはや楽しむどころではない。まことに、苦しむことはわれわれの特権である。だから、安らぎを得ることもまた、われわれの特権でなければならぬ。このことは動物にはまったくあり得ない。

　ひとりの僧が南泉に問うた、「三世の諸仏は〝それ〟の有ること知らず、猫、牛がかえってこれを知る、ということがありますが、こういうことは、いかにしてあり得ましょうか。」師は言った、「仏陀は、鹿野苑《ろくやおん》に入る前、すでにいささか〝それ〟を知っていた。」僧はさらに問うた、「畜生が〝それ〟を知るとは如何ですか。」南泉は逆襲した、「お前はどうしてそれをあやしむのか。」

　その言おうとするところはこうである。われわれが〝それ〟によって意味するものが何であろうと、〝それ〟をわれわれの外に求め得べき何ものかとして問う時、〝それ〟はもはやそこにはない。われわれはそれぞれ〃それ〃を生きているのである。そして、〃それ〃について問うことにより、われわれ自身を〃それ〃から引き離す。その結果は、われわれはいまやわれわれ自身から離れ出でて、さまようことになる。それは、あのむかでの話に似ている。かれは、ふと、たくさんの自分の足を見た。そして、どうしたらそれをひっかからないように、順序よく動かし得るかと、考えはじめた。そうしたら、もはや動けなくなってしまったという。ちょうどこの話と同じことである。問う者と問いとの分離から、問題が起ってくるのである。

だが、問いが問う者から離れるのは、人間にとって、まったく自然のことである。われわれはあらゆるところにおいて、またあらゆる瞬間において、問わねばならぬようにできているからである。しかし同時にまた、この絶え間もなく問うということが、わが身を深い苦悩の境涯に沈めるに到る原因なのである。仏教者のいわんとするのは、解決はけっしてこの分離からは出て来ないということである。問うためには分離はなくてはならない。だが、分離は解決の鍵ではない。それどころか、人を解決からはばむものである。

問いを解くとは、それと一つになることである。この一つになることが、そのもっとも深い意味において行なわれる時、問う者が問題を解こうと努めなくとも、解決はこの一体性の中から、おのずから生まれてくる。その時、問いがみずからを解くのである。これが、

「実在とは何か」という問いの解決についての仏教者の態度である。換言すれば、問う者が、問いの外にあることをやめる時、すなわち、両者が一となる時、それらがその本来の状態にかえる時、を言う。さらに言えば、それらが、まだ主体と客体の二つに分たれない原初の事態に立ち帰る時――分離が行なわれる以前、世界創造の以前――これが、論理的証明の形においてでなく、自己の現実の体験において、解決が可能となる時である。

　こう言えば読者は問うて言うであろう、「あなたは〝主体と客体の二つに分たれる以前〟と言い、〝神が世界を創り給う以前〟というが、それは〝われわれがまだ生まれない時〟あるいは、〝われわれ自身からいかなる問いも出でこない以前〟ということであろう。もしそうだとすれば、われわれにはたずねるべき何の問いもなく、したがって、何の解決もあり得ない。そればかりではない。いまだ神もなく、創造もなく、われわれ自身もなく、したがって問いもなく、すべてが空虚に帰するのであるから、〝悟り〟そのものもまた、何の意味をも持たぬこととなるであろう。これは解決ではなくて、滅却ではないか。」

　実際を言うと、この滅却のところが解決の拠点で、ここまで出てこないと解決はつかぬのである。論理家の概念の上にある〝滅却〟は、実地の体験者から見ると、けっして滅却でない。いわゆる滅却なるものを体得すると、それがそのまま肯定となる。すなわち、正覚となって現われるのである。

ただ困ったことには、論理家などの眼からすると、筆者は読者を間違った方向に導いていると想像されるであろう。つまり、筆者は導き方を誤って、かれを迷路から救い出すつもりだったのに、逆にその中に引き込んでしまったと。ただし、その実は、読者はおのが墓穴を掘っているのである。むしろ論理家のために、迷路に連れ込まれたのである。筆者の意図は、読者をあらゆる問いかけ、論議、論証などという概念的詮索から切り離して、かれがまったくそれから自由になること——一切の分析的論争から自由になることであった。これは、問う者が問いと一つになる時、もしくは、かれの全存在が世界のはじめから終りまでをおし包む一大疑問符になってしまう時に、はじめて可能なのである。これは体験の問題であって、論議の問題ではない。これが、六年のひたすらな思索とはげしい苦行ののち、仏陀がついに到達した点である。自分の言わんとするところは、さらに説き進めてゆけばより明らかになるであろう。

ともあれ、仏教者は〝悟り〟の体験をひたすら強調する。そこからはじめて、すべての問題の解決がもたらされるからである。何らかの形で知的分離が行なわれているかぎり、問いはけっして答えられないであろう。何か答えはあったとしても、それは真の意味での答えではないであろう。なぜならば、それは仮定としての答えであって、事実としての答えではないからである。根本的な答えはけっして生《なま》やさしいものではない。それは、われわれ自身の存在そのものを揺り動かし、さらには戦慄せしめるほどのものなのである。

三

人生の根本的問題は、主客を分つものであってはならぬ。問いは知性的に起されるのであるが、答えは体験的でなくてはならぬ。なぜならば、知性の性質として、知性上の答えは必ず次から次と問いを呼び求め、最後の答えに到り着くことがない。その上、たとえ知性の解決というものが得られたとしても、それはつねに知性の上に留まり、おのれ自身の存在を揺り動かすものとはなり得ない。知性はただ周囲を空《から》まわりし、かつつねに、二者対立の形で物事を取りあげる。ある意味では、実在に関する問いは、問われる以前にすでに答えられているとも言える。しかしこのことは、知性の次元では理解されないだろう。それは知性を越えたところの消息だからである。

問うことと、二つに分けて見ることとは、不可分離の関係でつながっているが、一方、問うということは、実は、実在がおのれ自身を知ろうとすることである。おのれ自身を知るためには、実在はみずからを問う者と問いとに分つことが必要である。そこで答えは、分離が行なわれる以前の、実在そのものから出てこなければならない。つまり、答えは、問う者と問いとがなお一つであったところにある、ということである。問いは分離の後に生まれた。分離の以前には問いはなかった。だから、いまだかつて問いのなされたことのないところに到れば、そこには当然答えはない。問うことも、また答えることもない。この世界にこそ、究極の解決がある。かくて禅の哲人は、答えは問いのいまだ問われざる以前にすでに与えられている、と明言するのである。

「神とは何か」と問うならば、禅匠は答えて言うであろう。「お前は誰か。」

問い「キリストは私を救い得るであろうか。また救いたもうであろうか。」

答え「お前はまだ救われていない。」

問い「仏陀は本当に悟っていたのか。」あるいは、「〈悟り〉とは何か。」

答え「お前は悟っていない。」

問い「達摩（Bodhidharma）はインドから、どんな教えをもたらしたか。」

答え「即今、お前はどこにいる。」

むかし、中国に禅に興味をもつひとりの高官がいた。ある日、かれは一禅僧に向かって言った。

「ある人が、鵞鳥を壺に入れて飼っていましたが、鵞鳥がだんだん大きくなって、壺が小さすぎるようになりました。さて問題は、どうしたら壺をこわさずに、鵞鳥を無事救い出すことができるかということです。」

禅僧は高官の名を呼んだ。「はい、師よ」と高官は答えた。

すかさず師は言った、「そら、鵞鳥が出た。」

答えは、いつも問いについてくる。すなわち、問うことが、答えることなのである。しかし同時にまた、問いがなされないかぎり、いかなる答えも生まれないということを忘れてはならない。

ある時、趙州が南泉に問うた。

「道とは何ですか。」（〝道〟とは、ここでは、実在を意味するものと解してよいであろう。）

南泉「お前の平常心[*一]、それが道だ。」

趙州「それには、何か特別の修行の方向づけ[*二]がありますか。」

南泉「ない。向かおうとすれば、すでにそむく。」

趙州「もし向かわなければ、どうして道を知り得ましょうか。」

南泉「道は知にも属さず、また不知にも属さない。知は迷いであり、不知は無智である。疑いの影さえささぬ道に到れば、おまえは、それは無限に拡がる一大虚空のごときものだと知るであろう。かぎりなく空で、善悪の入る余地もない。」

＊一　「平常心」とは、「われわれの日常の心の状態」である。仏教学者たちはこれを、「如実の状態」、「あるがままの実在」、あるいはただ、「あるがまま」などと呼ぶであろう。ひとりの僧が「平常心とは何でしょうか」と問うた時、師は答えて言った。「飢えては食し、渇しては飲む。」これは、一種の本能的無意識の生であって、そこには知性もしくは思慮の働きは何もない。もしここでとどまるならば、高度に発達した意識を特色とする人間生活はないであろう。意識的でありながらしかも無意識であること――これが「平常心」である。

＊二　中国語で「趣向」。文字通りには、「……の方に向くこと」、「意図する方向」というほどの意味である。'orientation' という訳語は、少しひびきが新しすぎるかもしれないが、これがその考え方である。

道とは、完全な〝悟り〟である。道について言えると同じことが、また〝悟り〟についても言い得る。われわれがそれに向かう時、すなわち、それについて問いがなされる時、もはやそれは問う者の求むるところにはない。しかしながら、もし求めようとしないならば、すなわち、それを突きとめようとして特に心を傾けることがないならば、われわれはけっしてそれを把握することはできない。道は論理的理解力では届かない。思惟のいとなみの限界の外にある。つまるところは、われわれが流れの此岸《しがん》にとどまるかぎり、〝悟り〟には到り得ないということである。

これを自分は、「悟りの論理」と呼びたい。この〝論理〟が理解される時はじめて、わわれわれはより正しく、仏陀の成就した〝悟り〟の体験の問題を取り上げることができる。そしてこの仏陀の〝悟り〟の体験こそ、やがてインドにおいて、また中国において、さまざまの展開をみせた仏教の出発点なのである。

四

以上述べたところで明らかなように、仏陀は、二元分離の世界で問題と取り組んでいたかぎり、すなわち、問う者が問いそのものから離れていた間は、解決には到り得なかった。仏陀は、いつも目の前にぶら下っている問題をみつめながら、それを何とか得心のゆくように結末をつけたいと望んでいた、というわけである。この仏陀の物語は、誰しもが、実在や真理を探究する時、究極の解決に到り着くまでにたどらねばならぬ道程の典型的な実例なのである。

真理を探究するに当って、われわれはたいてい哲学の勉強から始める。われわれの推理力が展開するのは、実在を考察するのと同時だからである。われわれは、まず思想の歴史を学んで、いにしえの賢者たちがこの難問について何と言ったかを知る。この問題は、かれらをもまたかぎりなく悩ませたのである。仏陀も同じ順序をへた。家を出てのち、かれがまずしたことは、森へ行ってその頃のもっともすぐれた学者たちに会うことであった。しかしそれは、かれに満足を与え得なかった。哲学はその性質からして、問いのいまだなされぬところへわれわれをつれ戻すことはできない。それを哲学に求めるのは無理というものである。哲学には哲学の限界がある。哲学は、実在そのものの、遠い、ほんのぼんやりとした眺めを与えるかもしれない。だが、おそらくは、われわれが近づこうとすればするほど、それはますます薄れ去ってゆくことであろう。ただじれったいばかりである。仏陀がついに学者たちのもとを去らねばならなかったのも道理である。

ついでかれは、苦行をこころみた。どういうわけか、われわれはたいてい、肉体の欲求を抑えれば、心は浄化されて、真理があるがままに見えるようになると考えている。しかし禁欲は、自己すなわち真理を問う者を、敵のごとくに遇する。敵は打ちまかし、粉砕しなければならぬものである。そしてその敵は、いつも問う者の前に立っている。問う者がこの死闘にいかに必死の力を傾けようとも、敵はけっして克服されない。けだし、自己すなわち問う者が生きているかぎり、かれは新たな敵をつくり、それと戦わねばならぬからである。その敵をたおすことは、自己を救うことにも、また問いに答えることにもならない。自己は非自己があってはじめてあり得るが、その非自己が敵なのである。自己が敵の創作者である。問う者はどこまで行っても問う者であり、問いの創作者である。

禁欲の修行においては、問う者は自己である。そこでは、自己は自己ならぬもの、すなわち敵と対峙せしめられる。この敵は何としても始末せねばならぬ。だが自己があるかぎり、この敵はけっして克服されることはない。自己はけっして、ただひとりあることはない。それはつねに自己を主張し、その力をためし、おのれがいかに重要なものであるかを示す相手を欲する。自己は、おのれを誇示すべき他の自己が存しない時には、その自己性を喪失する。禁欲主義は、一種の自負あるいは自己主張のあらわれである。

禁欲の修行や道徳の修練では、人はけっして自己を越えることはできない。だが自己を越えないかぎりは、われわれが実在を探究する契機となった問題の解決を得る機会はない。自己はあますところなく放下《ほうげ》されねばならぬ。自己性の臭いのする一切のもの、すなわち自己と非自己との対立の跡もとどめてはならぬのである。

仏陀はこのことを、実際に身をもって知った。ある日、かれは坐から立とうとして立ち得なかった。必要な食物をとっていなかったので、おのれを支え得ぬほど衰弱していたのである。かれは、肉体が自己を主張し得ないほどその力を弱めようと、最小限度のものしか口にしていなかったのである。目的は達せられた。身体はひどく衰弱して、もはやおのれを支え得なかった。しかし、実在と真理の問題は、依然として未解決のままであった。肉体を苦しめることは解決に到る道ではなかった。そこでかれは思った、「もしかれが死ぬとしたら、問う者は問いを未解決のまま死んでしまうのだ」と。

　このすべてをふくむ問題の探究をつづけるべく、かれは食物をとり、健康と体力の回復をはかった。だが、今度はどう歩を進めたらよいのであろう。知性は解答を与えてくれなかった。禁欲苦行もあまり役に立たなかった。かれはなすべきすべを知らなかった。それなのに、この問いに答えを得たい思いは、いよいよ募るばかりであった。もしかれの心がもっと小さく、力弱かったなら、この事態の重圧につぶれていたであろう。このいわば絶体絶命の窮地に追いつめられて、かれの全存在が反応した。かれは、もはや解くべき問いもなく、敵に立ち向かう自己もないことを感じた。かれの自己が、かれの知性が、かれの全存在が、問いの中に注ぎ込まれた。言いかえれば、かれはいまや問いそのものとなった。問う者と問いの区別、自己と非自己の区別は消えて、ただ一つの未分の「不知なるもの」があるのみであった。この「不知なるもの」の中に、かれはとけ入った。

　その光景を心に描いてみれば、そこにはもはや釈迦牟尼という問う者もなく、自我を意識する自己もなく、かれの知性に相対してかれの存在をおびやかす問いもなく、さらにまた、頭上を覆う天もなく、足下を支える地もなかった。もしわれわれが、そのとき仏陀のかたわらに立ち、かれの存在をのぞき込むことができたとしたら、そこに見出し得たものは、全宇宙を覆う一箇の大いなる疑問符のみであったろう。もしかれがそのとき何か心をもっていたと言い得るならば、かくのごときがかれの心の状態であった。かれはしばしの間、このような状態の中にあった。そしてふと空を見上げると、明けの明星が見えた。またたく星の光がかれのまなこを射た。このことが、かれの全意識を平常の状態に引き戻した。あんなにも頑強に、あんなにも執拗にかれを苦しめた問いは、もはやまったく消え去ってしまった。すべてが新しい意味をもった。全世界が、いま、新しい光に輝いていた。次の偈《げ》（gāthā, 詩）はその時かれの口ずさんだものであるという。

われは幾たびか輪廻《りんね》の生を経《へ》たり。
この小さき家を造るものは誰ぞ。
われはたずね求むれども見出さず。
生を受くること幾たび、みな苦なりき。

この家を造るものよ、汝は見出されたり。
汝《なんじ》はふたたび家を造ることなからん。
垂木《たるき》はこぼたれたり。棟木《むなぎ》はくだかれたり。
心は万象を離れ、愛欲は滅しつくせり。*

＊『法句経』一五三、一五四偈（南伝、二〇三巻、四〇ページ）。『長老偈経』一八三、一八四偈参照。

幾たびとなく生と死の輪廻をくりかえしてきたという思いは、人々が個人我の実体（アートマン、ātman）という観念にすがりつくことから起る。この観念を本来、虚妄、無常にして、条件によって存するもの、けっして自在のものにあらずと看破して、払い去ってしまえば、かれはもはやそれに執着することはないであろう。垂木も、梁《はり》も、棟木も、すべてまったく打ち砕かれて、ふたたび建てられることはないからである。それらはみな二元的な考え方の所産であった。この二元の消滅が「無為」であり、「空」である。「無為」というのは、しかし、'visankhāra' の訳語としてあまり適当でないかもしれない。'visankhāra' とは、「条件によって存在しているものの消失」という意味である。仏教学者たちによると、この現象の世界はもろもろの条件によって作られた「集成的」存在であって、独立に存する実体（ātman）ではない。心が「無為」に到ったという時、それは、心が「絶対空」（śūnyatā）の状態に入ったということ、一切の条件制約からまったく自由であるということ、「超越者」＊であることを意味する。言いかえれば、心は、いまや生と死とを越え、自己と非自己とを越え、善と悪とを越えて、その究極の実体を得るのである。「われは一切勝者なり。」この考え方は、これもまた仏陀が〝悟り〟の時の言葉として、次の偈の中に明言されている。

＊「実在そのもの」を言うために、カール・ヤスパースの用いた術語。もろもろの要素の和合（skan-dha, 五蘊）から解き放たれた心は、「この世界の超越者」である。

見よ、われは一切勝者、一切智者である。
すべて悪しき思いを去って自由である。
すべては捨て去られ、渇愛の根は除かれた。
みずから一切を知りたれば、誰を師としようぞ。
われに師はない。等しき者もない。
この世界にわれに比すべき者はない。
われこそはこの世の聖者、最高の師。
われひとり完全の〝悟り〟を得て、
静けき平和、涅槃の安らぎはわがものである。＊

＊『律蔵』、『大品』、一、六、八（南伝、三巻、一五ページ）。『中部経典』、二六、『聖求経』（南伝、九巻、三〇六―七ページ）。

「一切に勝った」、もしくは「一切を征服した」者は、何びとによっても打ち負かされることはない。かれは絶対である。かれは敗北を知らない。あらゆる対立を越ゆるがゆえである。かれはまったく比類を絶する。その時、かれは「一切智者」である。これは、かれがひとつひとつの事柄を個々別々に知っているということではない。それならば、相対と有限の段階においてわれわれが有する普通の知識である。一切智者の有する智慧を、自分は「般若（prajñā）直観」と呼ぶ。それは、一切のものをその総体性と一体性において受けとる智慧であり、あらゆる個別の知識の根底によこたわる智慧である。それは、われわれの相対的知識を可能ならしめるところのものであり、したがって、「すべて悪しき思い」のかげも残さず、完全に自由である。そのような智慧は、問いと問う者の区別の存せぬ人、すなわち正覚者仏陀にして、はじめて持ち得る。

このゆえに大乗仏教徒たちは、仏陀について言う、「かれはその生誕にあたって、〝天上天下、唯我独尊〟と言った」と。これを生物学的にとるか、形而上学的に解するかは、読者の自由である。

唐末の禅僧雲門は、ある時、誕生会《たんじょうえ》を祝するにあたり、次のように言った。「仏陀が母の胎内から出で来って、この言葉を口にした時、もしわしがその場にいあわせたら、一棒のもとに打ち倒し、死骸を犬に与え去ったであろうものを。」雲門は、かれ自身の禅のゆき方で、仏陀の言ったと同じ心（天上天下、唯我独尊）を繰返しているのである。

五

以上述べたように、仏陀の生涯における最高の大事として、この〝悟り〟の体験がなかったならば、仏教と呼ばれる宗教は存在しなかったであろう。われわれはこのことをよく承知せねばならぬ。そこで、仏教の名につながるすべてのものは、仏陀のこの体験に立ち帰らなければならない。そして、仏教を学び、かつ理解するにあたり、何か困難にぶつかった時には、われわれはいつでも、仏陀の〝悟り〟の体験にその究極の解決を求めなければならない。この〝悟り〟がなければ仏は仏でない。同時に、仏教もまた、仏陀の〝完全な悟り〟の趣意に基づくものでなければ、仏教ではない。かくてわれわれは、仏教が他のすべての宗教と異なるゆえんを判然と知ることができる。

仏教がアジア全土に弘まるにつれて、広範な分岐が行なわれたが、それにもかかわらず、〝悟り〟が仏教のよって立つ基盤であることに変りはない。このことは、みずからを「他力」の教えと称し、仏教始祖の掲げた「自力」の教えの精神と明らかに相反する浄土門の教えにおいてさえ、やはり〝悟り〟の観念がその土台をなしている、という事実からも知られる。なぜならば、浄土は阿弥陀仏がまず無上正覚、すなわち「比類ない至高のさとり」を達成したことによって可能となり、その浄土建立にひきつづくことどもも、すべて阿弥陀仏の〝悟り〟の体験の内なる展開にあらざるはないからである。われわれは、「他力」とは何を意味するか、もっと詳細にわたってその意味を解明しなければならないが、他方、浄土往生の主たる目的は、すべての条件がそのためにまことに都合よくととのえられているかの聖なる領域において、完全な〝悟り〟を成就することにある。このことによってもわかるように、一般には「原初」の仏陀の教えとはほど遠いと考えられている浄土門の教義さえも、結局は、また〝悟り〟の教えなのである。この世、今生にして〝悟り〟を得ることはとてもむずかしいと思う人々は、阿弥陀仏の国に生まれて、来世に〝悟り〟を得よ、と教えられる。否、むしろ、それを約束されるのである。

いまやわれわれは、およそ二十五世紀の昔、ネーランジャラー（尼連禅河）のほとり、菩提樹の下で、仏陀の体験したものが何であったかを知った。仏教の研究の次の段階は、完全な〝悟り〟の内容は何かを探《たず》ねることである。この〝悟り〟がわれわれを一切勝者となし、また一切智者とするのである。

第三章　禅の意味

禅は、要するに、自己の存在の本性を見ぬく術であって、それは束縛から自由への道を指し示す。われわれ有限の存在は、つねにこの世の中でさまざまの束縛に苦しんでいるが、禅は、われわれに生命の泉からじかに水を飲むことを教えて、われわれを一切の束縛から解放する。あるいは、禅は、われわれ一人一人に本来そなわっているすべての力を解き放つのだということもできる。この力は普通の状況では、押えられ歪《ゆが》められて、充分な働きを発揮する道を見出し得ないでいる。

われわれのこの身体は、いわば電池のようなもので、不思議な力がその中にひそんでいる。この力は、正しく働かせない時には、かびが生えて萎《しな》びてしまうか、あるいは歪められて異常な現われ方をする。そこで、われわれが狂ったり、片輪《かたわ》になったりするのを救おうというのが禅の目的である。自由という言葉によって自分が意味するところはこれである。それはわれわれの心に生まれつきそなわっている創造と慈悲の衝動を、すべて思うままに働かせることである。一般に、われわれはこの事実、すなわち、われわれは自分を幸福にし、たがいに愛し合って生きて行くのに、必要な機能をことごとくそなえているのだという事実に、気がつかないでいる。われわれの周囲に見られる争いはみな、この事実を知らないことから起る。そこで、禅は、仏教徒のいわゆる「第三の眼」を開けという。みずからの無知のゆえに固く閉ざされて、これまで夢想だにもしなかった世界に向かって、眼《まなこ》を開けという。無知の雲が消え去れば、天空の無限が現われて、そこにはじめて、われわれは自己の存在の本性を見る。いまこそわれわれは人生の意義を知る。人生は、盲目的な努力でもなく、また単なる獣的な力の表現でもないことを知る。そして、人生の究極の目的が何であるかはさだかにはわからないけれども、そこには何ものかがあって、この人生を生きることに無限の幸福を感じさせ、人生のさまざまの展開にまったく満足して、何の疑問も起さず、また厭世的な疑惑も抱かしめないことを知る。

われわれが生命力にあふれ、まだ人生の知識に目覚めない間は、われわれは、人生の中に包まれているあらゆる矛盾衝突の重大な意味を理解することができない。それは、いまのところ、見かけは静止の状態にある。しかし、おそかれはやかれ、われわれが人生と真向うから取り組み、そのはなはだ複雑にして、かつはなはだ差し迫った謎を解かねばならない時がくる。「十五で私は学問に心を向け、三十で立つところを知った」と孔子は言う（訳註1）。これはこの中国の賢者の名言の一つである。心理学者たちはみな、かれのこの言葉に同意するであろう。なぜならば、一般的に言って、青年が真剣にあたりを見廻し、人生の意味をたずねはじめるのは、およそ十五歳の頃からである。いままでそっと潜在意識の中にかくされていたさまざまの精神的な力が、ほとんど同時にほとばしり出る。そしてこの出方があまりに急激な時には、心は永くそのバランスを失うことにもなるであろう。事実、青年期にみられる神経衰弱の多くの例は、主としてこの精神的均衡の喪失によっている。たいていの場合は、結果はさほど重大でなく、深い痕跡を残さずに危機は過ぎ去るだろう。しかし、ある人々の場合には、その生来の性向のために、あるいは柔軟な素質におよぼす環境の影響のために、この精神の目覚めが、かれをゆり動かしてその人格の根底にまでおよぶことがある。これは、あなたが、「永遠の否」か、「永遠の然《しか》り」かの選択を迫られる時である。その選択が孔子の言う「学」の意味するところである。それは古典を学ぶことではなくて、生の神秘に深く分け入ることである。

苦闘の結果は、たいていは、「永遠の然り」であり、「御意《みこころ》のままになさせたまえ」である。なぜならば、厭世家たちがいかに否定的に考えようとも、人生は、結局、何らかの形における肯定だからである。しかしまた、この世には、われわれのあまりにも敏感な心を反対の方向に向けて、『人間の生涯』におけるアンドレーエフ（一八七一—一九一九）とともに、次のように叫ばせる事柄が多いことも否定できない。

「わたしはおまえの与えたものすべてを呪《のろ》う。わたしはわたしの生まれた日を呪う。死んでゆく日を呪う。わたしの全生涯を呪う。わたしは何もかもおまえの残忍な面に投げ返してやる。冷酷な運命よ。呪われてあれ、永久に呪われてあれ。わが呪いをもって、わたしはおまえを征服する。おまえはわたしに、ほかに何ができるか。……わが最後の思いをもって、おまえの驢耳《ろじ》にわたしは叫ぶ。呪われてあれ、呪われてあれ。」

これはおそろしい人生の告訴である。完全な人生の否定である。地上の人間の運命のもっとも陰惨な絵である。「何の跡も残さぬ」とは、まったくその通りである。なぜならば、われわれはすべて死んでゆく、われわれがそこから生まれた大地をも含めて、すべては過ぎ去りゆくということのほかに、われわれはおのれの未来について何事をも知らないからである。そこにはたしかに、厭世観を裏づけるものがある。

人世は苦である。われわれの多くが生きている通りに。この事実は否定できない。人生が何らかの形における闘争であるかぎり、それは苦痛以外の何ものでもあり得ない。闘争とは、たがいに相手に勝とうとして相争う二つの力の衝突を意味するものではないか。もしも戦いに負ければ、その結果は死である。そして死こそは、この世でもっとも恐ろしいものである。たとえ死にうち勝ったとしても、人はただ一人残される。そして、孤独は、時に、闘争そのものよりももっと耐えがたい。人は、このようなことは一切意識せずに、感覚のもたらすつかの間の快楽に耽溺しつづけることもできよう。しかし、この意識しないということは、人生が苦であるという事実をいささかも変えはしないのだ。盲人たちがいかに頑強に太陽の存在を否定しようとも、かれらは太陽を消し去ることはできない。はげしい暑熱は情け容赦もなくかれらを照りつけ、もしなすべき注意をおこたるならば、かれらは地球の表面から払拭し去られるであろう。

仏陀が「四聖諦《ししょうたい》」（訳註2）を提言して、その第一に、「人生は苦である」と説いたのは、まったく正しかった。われわれはみな、泣き声をあげながら、そして何か抵抗しながら、この世に生まれてきたではないか。少なくとも、柔かな暖かい母の胎内から、冷たく、人をはばむ環境の中に生まれ出るのは、たしかに苦痛なことであったろう。成長はまたつねに苦痛をともなう。歯が生えるのも、多かれ少なかれ、苦しい過程である。思春期には、いつも精神的また肉体的な動揺をともなうのが普通である。そして社会と呼ばれる組織体の成長にもまた、苦痛にみちた大変動をともなうのがつねであって、われわれは、現在、その陣痛の一つを目《ま》のあたりに見ている。冷静に思考して、これはすべて避け得ないことであり、およそ改造とは古い組織の破壊を意味するものであるかぎり、苦しい手術を受けるのはやむを得ないともいえよう。しかし、この冷たい知的分析は、われわれが耐えてゆかねばならないさまざまな苦悩を、いささかも軽減しはしない。情け容赦もなくわれわれの神経に負わされる苦しみは、免れるすべもない。人生は、どう論じようとも、結局苦しい闘争である。

だが、これは、天意によるものである。なぜならば、苦しめば苦しむほど、あなたの人格は深くなり、そして、人格の深まりとともに、あなたはより深く人生の秘密を読みとるようになる。すべて偉大な芸術家、偉大な宗教的指導者、偉大な社会改革者たちは、峻烈この上ない戦いから生まれた。かれらはその戦いを勇敢に、そしてきわめてしばしば、血と涙とをもって、戦い抜いたのである。悲しみのパンを口にすることなくしては、あなたは真実の人生を味わうことはできない。天が偉人を成そうとする時、天はあらゆる試練をその人の上に課し、ついにかれが、そのすべての苦しい経験を克服して意気高らかに出できたるのを待つ、といった孟子（訳註3）は正しい。

自分には、オスカー・ワイルドは、いつもポーズをつくり、効果をねらっていたように思われる。かれは偉大な芸術家かもしれないが、かれには、何かしら顔を背けさせるものがある。しかし、かれもまた『獄中記』の中で、このように叫んでいる。

「この二、三か月の間に、わたしは、おそろしい困難と苦闘のすえ、苦しみの底に隠されている教訓がいくらかわかるようになった。牧師や、智慧なくして言葉を操る人々は、時に、苦しみを不可思議として語る。それは、本当は、啓示である。人はそれまでまったく気づかなかった事柄に気づく。歴史の全体が、異なった見地から見えてくる。」

ここにあなた方は、かれの獄中での生活がいかにその性格を浄化したかを見るであろう。もしかれが、もっと若い時期に、このような試練を受けねばならなかったとしたら、かれは今日遺されているものよりも、ずっと偉大な作品を生むことができたかもしれない。

われわれはあまりにも自我中心的である。われわれがまとっている自我の殻を脱ぐことは、この上もなくむずかしい。子供の頃から、ついにこの世を去る時まで、われわれはいつもこの殻を持ち歩いているようである。だが、この殻を突き破る機会は、幾度か与えられる。その最初にして最大の機会が、われわれが青年期に達する時である。これが、自我がほんとうに「他」を認めるにいたる最初の時である。性的な愛の目覚めのことである。全一な自我が、いまやその中に一種の分裂を感じはじめる。これまで心の奥深くに眠っていた愛が頭をもたげて、一大騒動をひき起す。なんとなれば、いま目覚めた愛は、自我の主張と、自我の滅却とを、同時に要求するからである。愛は、自我をしてその愛する対象の中にみずからを失わしめる。しかも同時にまた、その対象を自分のものにしようとする。これは矛盾であり、また人生の一大悲劇である。この人間本然の感情は、人間に向上の歩みを進めよと促《うなが》す天のはからいの一つにちがいない。神は人間を完成するために悲劇を与える。これまでこの世に作り出された文学の大部分は、いつに変らぬ愛のしらべを奏《かな》でつづけているが、われわれは一向にそれに飽きるようすもない。しかし、このことはここでの問題ではない。それに関連して自分が強調したいのは、次のことである。愛の目覚めによって、われわれは万物の無限を垣間見る。そしてこの一瞥が、若者を、それぞれの天性と環境と教育とに従って、浪漫主義へと、あるいは理性主義へと駆りたてる。

自我の殻が破れて、「他者」がみずからの身中に迎え取られる時、それは、自我がみずからを否定したのであり、あるいは、自我が無限に向かってその第一歩を踏み出したのであるということができる。宗教的にいえば、ここに、有限と無限との間に、理知とより高い力との間に、あるいはもっと平たく言えば、肉と霊との間に、はげしい争いが始まる。これこそ、幾多の若者たちを悪魔の手中に追いやった難問中の難問である。年を経てのち、この青年の日々を顧みる時、人は一種の戦慄が全身を走るのを覚えずにはいられない。真剣に戦わねばならぬこの苦闘は、三十歳に到るまでもつづくかもしれない。すなわち、孔子が「その立つところを知る」と言った年である。宗教的意識はいまや充分に目覚めた。苦闘から逃れるための、あるいはそれに結末をつけるための、あらゆる可能な方法が、四方八方に向かって真剣に求められる。書物を読む。講義を聞く。むさぼるように説教に耳を傾ける。さまざまな宗教的訓練や修行を試みる。そして当然、禅もまた探求の対象となる。

では禅は、この難問中の難問をいかに解決するであろうか。

まず第一に、禅は、自己の体験の事実に直接訴えてこれを解決しようとして、書物の知識にはよらない。人間自身の存在は、まさしく有限と無限との間のはげしい葛藤の場であるが、その本性は、知性よりもさらに高い力によって把握されねばならぬ。なぜならば、最初にわれわれにこうした問題を起させたのは知性であるが、知性は自分自身ではこの問題に答えることができない。それで知性は、より高い、よりすぐれた光を与えるあるものに、その席をゆずらねばならない。知性は独特の、平静をかき乱す性質を持っている。それは心の平安をかき乱すに足る問いを提起しはするが、たいていの場合、それに納得のゆく答えを与えることはできない。幸せな無知の平和をくつがえしておきながら、何かそれに代るものを与えて、もとの事態を回復することはしない。それは無知を指摘するので、しばしば光を与えるものと思われるが、事実はただかき乱すだけで、必ずしもつねに行手に光をもたらすものではない。知性は究極のものではなく、おのれよりも高い何ものかを待ってはじめて、結果をかまわずに提起したすべての問題の解決を見るにいたるのである。もし知性が、混乱の中に新しい秩序をもたらして、はっきりと解決をつけることができるものであったら、アリストテレスなり、ヘーゲルなり、偉大な思想家によってひとたび哲学が体系づけられたのちは、もはや哲学は必要でなかったであろう。しかし、思想の歴史が証明するように、非凡な知性の人によって築かれた新しい体系は、どれも必ず、後に続く者たちによって、倒されてきた。このように絶え間なく、倒してはまた組立てるということは、哲学自体に関するかぎり結構なことである。なぜならば、自分が思うに、知性本来の性質がそれを要求するのであって、哲学的探究の進行は、われわれの呼吸と同じように止めることができないからである。しかし、人生それ自体の問題になってくると、たとえ知性が究極の解決をもたらすことができるとしても、それを待つわけにはゆかない。われわれは、一瞬たりとも、生活活動を停止して、哲学が人生の神秘を解き明かすのを待つわけにはゆかない。神秘はそのままにしておいても、われわれは生きねばならぬ。飢えた者は、食物が完全に分析され、おのおのの要素の栄養価が決定するまで待つことはできない。なぜならば、死者には、食物の科学的知識は何の役にも立たないからである。だから禅は、その最深の問題の解決を、知性に頼らないのである。

自己の体験というのは、直接に事実に到ることを言い、それが何であろうと、いかなる媒介をも介さないのである。禅が好んで用いる比喩がある。月を指すには指が必要である。だが、その指を月と思う者はわざわいなるかな。魚を持ち帰るには籠《かご》が重宝である。だが、魚はもうちゃんと卓上にあるのに、なんでいつまでも籠を気にすることがあろうか。ここに事実がある。取り逃がさぬように、素手で捕えようではないか。——こう禅は提唱する。自然が真空を嫌うように、禅は、事実とわれわれとの間に介入するものをすべて嫌う。禅によれば、事実そのものの中には何の葛藤もない。有限と無限の葛藤もなく、肉と霊の葛藤もない。これらは、知性がおのれの興味のためにかりに作り出した無意味な区別にすぎない。これをあまりにまじめに受けとったり、あるいは人生の事実そのものと解釈しようとする人は、指を月と受けとる人である。われわれはひもじい時には食べる。眠い時には横になる。どこに無限や有限が入ってこようか。わたしはわたし自身で完全であり、かれはかれ自身で完全ではないか。人生はこの生きているままで満ち足りている。そこに人騒がせな知性が入ってきて、人生を破壊しようとする。その時はじめて、われわれは生きることをやめて、何か欠けている、何か足りない、と思いはじめる。知性はそのままにしておくがよい。それはそのしかるべき領域においては、それなりに有用である。だが、生の小川の流れを邪魔させてはならない。もしあなたが、ちょっとでもそれをのぞいてみたい誘惑にかられた時には、流れるままにのぞいて見るがよい。どんなことがあっても、流れるという事実をはばんだり、いじくったりしてはならない。なぜならば、あなたが流れに手を入れたその瞬間に、その透明さは乱されて、もはやあなたの姿を写さなくなってしまうからである。そしてその姿こそ、あなたがそもそものはじめから、時の終りに到るまで持ちつづけるであろうものなのである。

日蓮宗の「四箇格言《しかのかくげん》」(訳註4)にほぼ相当する四つの声明《しょうみょう》が禅にもある。すなわち、

教外別伝《きょうげべつでん》(教典のほかの特別の伝え)

不立文字(言葉や文字によらぬこと)

直指人心《じきしにんしん》(直接に人の心を指し示すこと)

見性成仏《けんしょうじょうぶつ》(自己の本性を見て仏と成ること)

これは、禅が宗教として主張するすべてを要約している。もちろん、この大胆な宣言には歴史的背景があることを忘れてはならない。禅が中国に伝えられた頃、仏教者の多くは、あるいは高度の形而上学的な問題の論議に熱中し、あるいは仏陀の定めた倫理的訓戒を墨守することに満足し、またあるいは、浮世の物事の無常を瞑想することに没頭して、無気力な人生を送ることをよしとしていた。かれらはみな、人生そのものの偉大な事実を理解しそこなっていた。人生そのものは、そのような知性や想像力のむなしい営みとはまったく無関係に流れている。菩提達摩《ぼだいだるま》とその後継者たちは、この悲しむべき事態を見てとった。かくして、上に記した禅の「四大声明」の宣言となった。これを一言で言えば、次の通りである。禅には人間の存在の本性を直指する独自の道があって、これが成就する時、人は

仏たることを成就する。そこでは知性がひき起した一切の矛盾や混乱は、より高い統一の中で完全に調和される。

このゆえに、禅はけっして説明せず、ただ指し示す。まわりくどい言い方に訴えたり、漠然と概括したりもしない。つねに具体的で、確実な事実を取り扱う。論理的に考えれば、禅は矛盾と反復に満ちているかもしれない。しかし、それは万物の上に立つがゆえに、静かにわが道を行く。禅僧はたくみにこれを表現する。「おのが自作の拄杖《しゅじょう》を肩に、真一文字に峯また峯に分け入る」（訳註5）。禅は論理に挑戦したりしない。その他のものはすべてそれぞれの運命にまかせて、ひたすらおのが事実の道を行くだけである。ただ、論理がその本来の職分を無視して、禅の進路に踏み込もうとする時、はじめて禅は声高くおのが原理を主張し、力をこめてその侵入者を追い出すのである。禅は何ものの敵でもない。禅が知性に敵対しなければならない理由は、どこにもないのであり、知性は時には、禅そのもののためにも役立つかもしれないのである。では、禅が存在の根本的事実をじかに取り扱っている例を、次にいくつかあげてみよう。

臨済《りんざい》（臨済宗の開祖。八六七年没）は、ある時の説法にこう言った。

赤肉団上《しゃくにくだんじょう》（われわれのこの身体）に一無位（仏とか衆生とかいう称号をもたぬ）の真人《しんにん》あり。常に汝等諸人の面門（感覚器官）より出入す（見るところ聞くところ思うところに働いている)。未だ証拠(この事実を自覚体証する)せざる者は、看《み》よ看よ。時に僧あり出でて問う、「如何なるか是れ無位の真人。」師、禅牀《ぜんしょう》(いす)を下りて把《は》住《じゅう》(その僧をひっつかんで)曰《いわ》く、「道《い》え道え。」その僧擬議す(何と言ってよいかわからず逡巡した)。師、托開して(つきはなして)曰く、「無位の真人、是れ什麼《なん》の乾屎橛《かんしけつ》(くそかきべら——何という役立たずの鈍物か)ぞ」と。便《すなわ》ち(さっさと)方丈(住持の居間)に帰る。(訳註6)

臨済は、弟子を「嶮峻」かつ直接的に接得したことで有名である。かれは、なまぬるい師家《しけ》がよく用いる、まわりくどいやり方を嫌った。かれはこの直接的なやり方をその師の黄檗《おうばく》から受け継いだに違いない。かれは、仏法の根本原理は何かと問うて、三たび黄檗になぐられた。いうまでもなく、禅は、質問者をただなぐったり、乱暴にゆすぶったりすることとは何の関係もない。もしあなたがたが、これを禅の真髄だと考えるならば、指を月と受けとる人と同様に、大きな誤りを犯すことになろう。何事においてもそうであるが、特に禅においては、けっして、そのすべての外面的な現われや表示を究極のものと見なしてはならない。それらは、ただどこに事実を求むべきかを指し示すにすぎない。だから、この指し示すものは大切で、これがなくてはうまくゆかないが、しかし、ひとたびそれに捕われると、それはまるでもつれた網のようなもので、もはやそれまでである。禅の理解は望むべくもない。禅はいつも、人を論理の網に捕え、言葉の罠《わな》にかけようとしていると考える人もあろう。もしもあなたがひとたび足を踏みはずせば、あなたは永遠の破滅に沈まねばならぬ。あなたが心が燃えるように求めている自由には、けっして到りえないであろう。だから臨済は、その素手をもって、われわれのすべてに直接に呈されているものを摑《つか》みとる。もしわれわれの第三の目が曇りなく開いていれば、臨済がどこへ連れてゆこうとしているのか、はっきりとわかるであろう。われわれはまず師の心そのものに到って、正しくそこで内なる人に相見《しょうけん》しなければならない。言葉の説明は、それをいかに積み重ねようとも、われわれを自己の本性に導き入れてはくれない。説明すればするほど、それは遠のいてゆくばかりである。ちょうど自分の影を捕えようとするようなものである。あなたがそれを追えば、それは同じ速さで逃げてゆく。これに気づく時、あなたは臨済や黄檗の心底を読みとり、かれらの本当の親切がわかるようになるであろう。

　雲門（雲門宗開祖。九四九年没）もまた唐代末期の偉大な禅匠であった。かれは、ささやかな自己の存在をも含めて、全宇宙がそこに源を発する生命の原理を看取するために、その片脚を失わなければならなかった（訳註7）。かれは、その師睦州《ぼくじゅう》に相見を許されるまでに、三たびその門を叩かなければならなかった。ちなみに睦州は黄檗のもとで、臨済の兄弟子であった。睦州はたずねた、「お前は誰か。」「文偃《ぶんえん》と申します」と僧は答えた（文偃がかれの名であって、雲門はのちにかれが住した僧院の名である）。求道の僧が門内に入ることを許されるやいなや、師はその胸倉をつかんで、「言え、言え」と迫った。雲門は躊躇《ちゅうちょ》した。と見るや師は、「この役立たずめが」と言って、かれを門の外に突きだした。門が急に閉ったので、雲門の片脚ははさまれて折れた。明らかにこの激痛が、あわれな僧を人生の大事に目覚めさせた。かれはもはや、求めあぐねて、憐みを乞う僧ではなかった。こうして得た悟りは、失った隻脚を償《つぐな》ってあまりあるものであった。だが、こうした例は、雲門のみにかぎらない。禅の歴史には、真理のためによろこんで肉体の一部を犠牲にした人がたくさんある。孔子は言う、「朝《あした》に道を聞かば、夕《ゆうべ》に死すとも可なり」（訳註8）と。真理は、ただ生きること、植物的にあるいは動物的にただ生きることよりも、価値あるものだと痛感する人々もあろう。しかし、世の中にはまた、無知と官能の泥の中にうごめく生ける屍《しかばね》の何と多いことか。

これが禅のもっともわかりにくいところである。この辛辣な毒舌はなぜか。この一見無情な仕打ちはなぜか。雲門には脚を失わねばならぬようなどんな咎《とが》があったのか。かれはあわれな求道僧で、この師によって悟りを得たいと必死だった。師は三たびかれを閉め出し、門が半分開いた時、それをもう一度乱暴に、情け容赦もなく閉めてしまった。そうすることが師の禅の見地からして、本当に必要だったのだろうか。これが雲門の熱心に求めていた仏教の真理なのか。ところが不思議なことに、その結果は双方の望んだ通りになった。師の方では、弟子が自己の存在の秘密を洞見し得たことを認めて満足した。弟子はというと、自分になされた師の仕打ちのすべてに対して感謝でいっぱいであった。たしかに禅は、この世でもっとも非合理で、想像を絶するものである。そしてこれが、さきに自分が、禅は論理的分析や知的処理の支配は受けないと言ったゆえんである。それはわれわれが、ひとりひとり、内なる心の中で、じかに身をもって体験しなければならないものである。あたかも二面の汚れのない鏡がたがいに照し合うように、事実とわれわれ自身の心とが、間に何らの媒介物も入れずに、相対さねばならない。このことがなる時、われわれは鼓動する生きた事実そのものを捉えることができる。

自由とは、それまでは、空しい言葉にすぎない。最初の目的は、すべて有限なるものが落ち込んでいるその束縛の状態から逃れることであった。だが、われわれの手足をしばっている無知の鎖《くさり》そのものを断ち切らずして、どこに解放を求めえようか。そしてこの無知の鎖は、ほかならぬ知性と感覚の迷妄とからなるもので、これがわれわれのもつ思想の一つ一つに、また抱く感情の一つ一つに、ぴったりと粘着しているのである。これはまことに除きがたい。濡《ぬ》れた着物のようであると、禅僧は巧みな表現をする。「人は自由にしてかつ平等に生まれた。」これは、社会的には、また政治的には何を意味しようとも、精神の世界では絶対の真理であって、われわれが引きずり廻っている手かせ足かせはすべて、存在の真相を知らざるがゆえに、後から加えられたものである、と禅は主張する。時には文字をもって、時には身体をもって、師はいとも自由に、かつ深い親切心をもって求道者を接得するが、すべてその意図するところは、かれらを本来の自由の状態に帰すことである。そして、このことは、一切の観念的表現に頼らず、自分自身の努力によって、われわれが一度それを身をもって体験しないかぎり、けっして本当にはわからない。かくて、禅の究極の見地はこうである。われわれは無知のゆえにさまようて、自己の存在に分裂をきたした。そもそものはじめから、有限と無限の葛藤などは必要でなかった。われわれがあがき求めている平和は、つねにそこにあったのである。有名な中国の詩人であり、また政治家でもあった蘇東坡は、この考えを次のように詠じていう。

盧山《ろざん》は煙雨、浙江《せっこう》は潮　（盧山煙雨浙江潮）
到らざれば千般恨み未だ消せず　（不到千般恨未消）
到り得帰り来れば別事なし　（到得帰来無別事）
盧山は煙雨、浙江は潮　（盧山煙雨浙江潮）

これはまた青原惟信《せいげんいしん》も主張するところである。かれによれば、「人が禅を学ぶ前には、かれにとって山は山であり、川は川であった。よき師の指導によって禅の真理を洞見しえたのちには、かれには山は山でなく、また川は川でなかった。しかしやがて、かれが本当にやすらぎの境地に到った時には、山はふたたび山であり、川はふたたび川であった」（訳註9）。

睦州は九世紀後半の人であるが、ある時、「われわれは毎日着物を着、食事をとらなければなりませんが、どうしたらこのようなことから逃れ得ましょうか」とたずねられた（訳註10）。師は答えた、「われわれは着る。われわれは食らう。」「おっしゃる意味がわかりません」と質問者は言った。「もしわからなければ、お前の衣服をまとい、食事をとるがよい。」

禅はつねに具体的な事実を扱い、一般論には流れない。だから自分は、絵の中の蛇に無用の足を加えようとは思わないが、もし睦州の言葉について自分の哲学的註釈を費してみるならば、このように言えよう。われわれはみな有限である。時間と空間を離れて生きることはできない。われわれが地上に生を享けた者であるかぎり、無限をつかまえるすべはない。どうしたら自己を存在の制約から解放することができようか。おそらくこれが、かの僧の最初の問いにこめられた考えであろう。それに対して師は答える。救いは有限そのものの中に求めねばならぬ、有限なるものを離れて無限なるものはない。もしおまえが何か超越的なものを求めるならば、それはおまえをこの相対の世界から切り離すであろう。

それはおまえ自身の滅却と同じことである。おまえは自分自身の存在を犠牲にして救いを求めはしない。それならば、飲みかつ食べよ。そしてその飲むこと、食べることの中に自由の道を見出すがよい。これは質問者の力量には過ぎたことであった。だからかれは、師の真意がわからぬと告白した。そこで、師は続けて言う。わかろうと、わかるまいと、どちらでも同じことだ。有限の中で、有限とともに生き続けよ。なぜならば、もし無限を切望するがゆえに、食らうことをやめ、暖をとることをやめるならば、おまえは死んでしまう。どんなにもがこうとも「涅槃《ねはん》」（nirvāṇa）は「生死《しようじ》」（saṁsāra）の真只中に求めねばならぬ。悟りを得た禅匠であろうと、無下の愚か者であろうと、誰も、いわゆる自然の法則を逃れることはできない。胃袋が空になれば、どちらも等しくひもじい。雪が降る時には、双方とも下着を重ねなければならぬ。これはしかし、かれらがともに物質的存在であるという意味ではなくて、その精神的発展の状態の如何にかかわらず、かれらはそのあるがままのかれらであるということである。経典が説くように、精神的めざめの炬火がもえる時、窟中の暗はそのまま悟りの明となる。暗と呼ばれるものがまず取り除かれて、あとで明という名の別のものが持ち込まれるのではない。明も暗も、そもそものはじめから、実体は同一のものである。暗から明への転化は、ただ内面的、もしくは主観的に行なわれたにすぎない。だから、有限は無限であり、また無限は有限である。それは二つの別のものではない。われわれが、知性の上でそう考えさせられているだけである。論理的に解釈するならば、おそらくこれが、睦州が僧に与えた答えに含まれている考えであろう。現実的にまた絶対的に一であるものを、われわれが二つに引き裂くところに間違いが生じる。われわれが生きているこの生は一ではないか。それをわれわれが、理知的手術という殺人ナイフを向う見ずに振り廻して、ずたずたに切りさいてしまうのである。

僧たちに説法を乞われた時、百丈涅槃《ひやくじようねはん》は、ではまず野良に出て働け、その後で仏法の大問題を説こうと言った。言われた通りにしたあとで、かれらは説法を聞きに師のもとにきた。すると師は、一言もいわずに、ただ僧たちに向かって両手を拡げた（訳註11）。おそらく禅には、つまるところ、何の不思議もないのであろう。何一つかくすところなく、すべてがあなた方の眼前にある。もしあなた方が食事をとり、衣服をととのえ、野良で働いて米なり野菜なりを作るならば、それであなた方は、この世でなすべきことのすべてをなしているのであり、無限はあなた方の中に実現しているのである。どのように実現しているのか。睦州は、禅とは何かと聞かれた時、経典のサンスクリットの一句をとなえた。「摩《ま》訶《か》般《はん》若《にや》波《は》羅《ら》蜜多《みった》（Mahāprajñāpāramitā）。」質問者はこの奇妙な句の意味がわからぬと言った。師はそれに註釈を加えて言った（訳註12）。

幾年《いくとせ》も使い来て、わが衣いと古びぬ。

ほころびし衣のはしはゆるく垂れ、風に吹かれて雲に到りぬ。

無限とは結局、こんな貧相きわまりない乞食僧なのか。

それはともかくとして、これに関連して、われわれがけっして見落してはならない一事がある――すなわち、貧の平和（けだし、平和はただ貧においてのみ可能である）は、あなた方の全人格の力をつくしてのはげしい戦いをたたかい抜いてのちに、はじめて得られるものである。怠惰や、放任安逸な心の態度から拾い集めた満足は、もっとも嫌悪すべきものである。そこには禅はない。ただ懶惰と、無為の生があるのみである。戦いは、はげしく雄々しく戦われなければならない。これなくしては、どんな平和が得られたにしても、それはみな偽物である。そこには深い基盤がないから、ひとたび嵐にあえば、たちまち押しつぶされてしまう。禅はまったくこの点を強調する。たしかに、禅に見られる精神の雄々しさは、その神秘な飛躍は別としても、勇敢に臆せずに、人生の戦いを戦うところからくる。

したがって、倫理的見地からは、禅は性格の改造を目指す修行であると考えられよう。われわれの平常の生活は、人格の外縁に触れるだけで、心の奥底を揺り動かすには到らない。宗教意識が目覚めた時でも、たいていの人は軽くそれを通り過ぎるだけで、心に何ら苦しい戦いの跡を残さない。われわれはこうして物事の表面を生きてゆくことになる。われわれは利口で、利発で、さらにさまざまであるかもしれないが、われわれのすることは、深さと真剣さとに欠けていて、深奥の感情には訴えてこない。なかには、間にあわせのものや、真似ごとのほかは、何一つとして創り出せない者もある。かれらはこうしてその人格の浅薄さと精神的体験の欠如とをむき出しにしている。禅は本来宗教であるが、それはまたわれわれの道徳的性格をも形成する。あるいは、深い精神的体験はその人格の道徳構造にも変化をもたらさずにはおかない、と言った方がよいかもしれない。

どうして、そうなのか?

禅の真理はこのようなものであるから、それを徹底して理解しようとするならば、われわれは一大苦闘に耐えぬかねばならない。時には、ながい、きびしい、たえざる用心をもってせねばならない。禅の修行とはなまやさしいものではない。ある禅匠はこう言った。雲水の生活は、偉大な精神力の持ち主にして、はじめてなし遂げられる。一国の大臣一国の大臣といえども、立派な雲水になれるとはかぎらない(ここで言っておかねばならないが、中国では一国の大臣になることが人がこの世で望み得る最高の偉業と考えられていた)。ということを意味する。偉大な禅匠たちの言葉や行為は、みなこの高処から出ている。その意図するところは、不可解な言動をなし、われわれを困惑させようとすることではない。それらはすべて深い体験にみたされた霊性のほとばしりなのである。だから、われわれ自身が禅匠たちと同じ高さに到らぬかぎり、かれらと同じ人生展望をかちえることはできない。ラスキンはいう、「そしてまた、確かなことは、もし著者が相当の人であれば、あなたはすぐにはかれの言うことを理解できないであろうということ、否、長い間、あなたは一向にかれの言うすべてを理解することはできないであろうということである。かれがその意とすることを言っていないと言うのではない。強い言葉で言っているのだ。しかしかれはそれを言いつくすことはできない。そしてもっとおかしなことには、あなたがそれを欲していることを確認するために、かれは隠された言い方か、あるいは比喩でしか言おうとはしない。わたしにはその理由はよくわからない。また、賢者たちの胸の中の無慈悲な沈黙を分析して、なぜかれらがより深い思想をいつも隠しておくのかを知ることもできない。かれらはそれをあなたに助けとしてではなしに、報酬として与える。かれらは、あなたがそれに値することを確認してのち、はじめてそこに到ることを許す」と。そして、この智慧の宝庫の鍵は、忍耐強い、辛苦にみちた精神的戦いののちにはじめて与えられる。

心は普通さまざまの知性の戯言《ざれごと》や感情のがらくたでいっぱいである。これらはもちろん、われわれの日常生活においてそれぞれに役に立つ。それを否定するのではない。しかし、われわれが悲惨な思いをしたり、束縛の感に呻いたりせねばならぬのは、主としてそれらの累積のためである。動こうとするたびに、それらがわれわれを拘束し、抑えつけ、そしてわれわれの精神的視界にあついヴェールをかける。われわれはたえず拘束のもとに生きているように感ずる。自然と自由とをあこがれながら、どうしても到達できそうにない。禅匠たちはこれを知っている。かれら自身もかつて同じ経験を経てきたからである。かれらはわれわれに、この愚かしい重荷を全部捨てさせようとする。真実と悟りの生を生きるには、こんなものをかつぎ廻る必要はどこにもない。かくて、かれらは、片言隻句を用い、また行動をもって示す。これらを正しく理解する時には、知的累積の抑圧と横暴からわれわれを解放するものとなろう。しかし、その理解はそう簡単にはゆかない。長い間この抑圧に慣れてきたので、精神的惰性は除きがたいものになっている。事実、この惰性はわれわれの存在の根源に深く食い込んでいるので、人格の構造全体を根底から覆えさねばならない。改造の過程は血と涙に彩られる。だがここを通らなければ、偉大な禅匠たちのきわめた頂《いただ》きには到り得ない。禅の真理は、全人格の総力をつくして当らねば、けっして得られない。路は棘《とげ》と茨《いばら》におおわれている。よじ登る足もとは滑りやすく、危険この上もない。これは遊び事ではない。生涯の最高の大事である。怠け者は、あえて近寄ろうともしないであろう。これこそ実に、あなたの人格を鍛えに鍛える精神の鉄床《かなとこ》である。「禅とは何か」と問う者に対して、ある禅匠は答えた。「熱火の上に煮えたぎる油」と（訳註13）。われわれはこの灼熱の経験を通りおおせねばならぬ。その時はじめて、禅はわれわれにほほえみかけていう、「汝の家郷ここにあり」と。

禅匠の言葉はわれわれの心に革命をもたらす。その一例をあげてみよう。もと儒者であった龐居士《ほうこじ》が馬祖《ばそ》（七八八年没）にたずねた。「何者とも交わらぬ人とは、どんな人でしょうか。」師は答えた、「あなたが西江の水を一息に飲みほした時に教えよう」（訳註14）。思想の歴史の中で提起し得るかぎりのもっとも重大な問題に対して、これはまた何と見当違いな答えであろう。この問題の重みの下にひしがれる魂がどれだけあるかを思う時、この答えはほとんど冒瀆に近いといえる。しかし、馬祖の真剣さは疑う余地もない。禅を学ぶ者がみなよく知るところである。事実、六祖慧能《えのう》以後の禅の興隆は、馬祖の輝やかしい生涯に負うものであって、その膝下からは、八十余人の得法の禅僧がでた。そして、その在俗の弟子の中の最高峰の一人であった龐居士は、「中国仏教における維摩《ゆいま》」（訳註15）といわれるのにふさわしい名声をえた。この禅の二大名将の問答がいたずらな遊戯であろうはずがない。いかにのんきに、またなげやりにさえ見えようとも、そこには禅文学のもっとも貴い珠玉が隠されている。いかに多くの禅学徒が、馬祖のこの言葉の不可解さのゆえに、汗と涙にまみれねばならなかったことだろう。

もう一つ例をあげると、一人の僧が長沙景岑《ちょうさけいしん》に問うた。「南泉和尚は遷化《せんげ》ののちどこへえた。」「私は若い沙弥《しゃみ》だった頃、六祖禅師にまみえた。」「私は若い沙弥のことを聞いているのではありません。私が知りたいのは、南泉が死んでのちどこへ行かれたかということです。」「そのことならば」と師は言った、「それはかれをして考えさせるのだ」(訳註16)。

霊魂の不滅もまた大きな問題である。宗教の歴史は、この問題一つの上に築かれたと言ってもよいほどである。誰もが死後の生命について知りたいと思う。この世を去る時、われわれはどこへ行くのか。本当にまた別の生があるのだろうか。それとも、この生の終りが一切の終りなのか。孤独な、「何ものとも交わらぬ」一人《にん》(万法《まんぼう》と侶《とも》たらざる者)の究極の意味など、思い煩わぬ者も多いかもしれないが、しかし少なくとも生涯に一度、自分の死後の運命を問うてみたことのない者は、おそらく一人もいないであろう。石頭が若いころ六祖にまみえたかどうか、そんなことは南泉の死と何か固有の関係があるとは思われない。南泉は長沙の師であったから、それで僧は長沙に、師は畢竟《ひっきょう》いずこに去ったのかと問うたのである。普通の論理の法則からすれば、長沙の答えは全然答えになっていない。そこで第二の問いがなされたが、師の口からでた言葉は、依然として曖昧きわまる。この「かれをして考えさせる」とは何をいうのか。こんなところからも、禅と論理はまったく別なものであることが明らかである。この区別をわきまえずに、禅に何か論理的に筋の通った、知的に明らかなものを与えてくれることを期待するならば、われわれはまったく禅の意義を見誤ってしまう。はじめに、自分は、禅は事実を扱うものであって、一般論を云々するものではないと言ったはずである。そして、禅が人格の根源に直入《じきにゅう》するというのは、実にこの点である。知性は普通、われわれをそこへは連れて行かない。なぜならば、われわれは知性に生きるのではなく、意志に生きるからである。「われわれは、理解の行為と意志の行為とを歴然と区別すべきである。前者は比較的価値の低いものだが、後者は一切である」というブラザー・ローレンスの言葉（『神のみ前の行い』）は真理である。

禅文学はこのような言葉でいっぱいである。それらは、何気なく、無心に言われたもののようであるが、禅の何たるかを本当に知る者は、次の事実を証言するであろう。すなわち、禅匠たちの口からいとも自然に流れ出るこれらの言葉は、すべておそるべき猛毒のごときもので、ひとたびこれを服せば、中国人の表現にしたがえば、内臓を九転させるほどの激痛を起す。しかし、かかる苦痛と葛藤を経てこそ、はじめて内なる不純物が一掃され、人はまったく新しい人生観をもって生まれかわる。不思議なことであるが、こうした精神の苦闘を戦い抜いた時、禅がはじめてわかってくる。しかし、事実は、禅とはひとりひとりの実際の体験であって、分析や比較によって得られる知識ではない。「詩人にあらざれば詩を語ることなかれ。病める者のみが病める者の心を知る。」これが事態のすべてを語っている。老僧たちの心と同じ調べを奏《かな》でるところまで、われわれの心が熟さねばならぬのである。これが成就するならば、ひとつの琴線が奏でられる時、他は必ず応《こた》え和するであろう。妙《たえ》なる調べはつねに二つあるいはそれ以上の絃が相和し相応える共鳴から生まれる。そして、禅がわれわれのためにすることは、われわれの心を柔軟にし、感謝をもって老僧たちを受け入れられるように調えることである。心理学的に言い換えるならば、禅はわれわれが内に蔵する一切のエネルギーを解放する。通常の生活では、われわれはこのエネルギーに気づかずにいるのである。

ある者は、禅は自己暗示だという。しかし、これは何の説明にもならない。「大和魂」という言葉を聞けば、たいていの日本人にははげしい愛国の感情が目覚めるようである。子供たちは日の丸の旗を敬うことを教えられ、兵士たちは連隊旗の前に立つとわれ知らず敬礼をしたものだ。少年が、「さむらい」の子らしからぬ振舞だと非難され、また祖先の名を辱しめると非難されれば、かれはただちに勇を鼓して誘惑に打ち克つ。これらはみな日本人にとってエネルギーを解放する思想であったが、この解放は、ある心理学者によると、自己暗示であるという。社会の因襲や模倣本能もまた、自己暗示と考えられよう。精神の訓練も同様である。学生に手本が与えられて、これに従え、これを真似よと教えられる。その考えは暗示によって、しだいにかれらの中に根を下ろし、ついにかれらは、それが自分自身の考えであるかのように行動するようになる。しかし、自己暗示は不毛の理論であって、それは何の説明にもならない。禅は自己暗示だと聞いて、それで少しでも禅が明らかになるだろうか。ある人々は、何か一つの現象を新しく流行してきた用語で呼ぶことを科学的と考え、それで見事に片をつけたかのように満足する。禅の研究は、もっと深みのある心理学者によって取り上げられなければならない。

ある人々の考えるところによると、人間の意識には、まだ充分かつ組織的に探究しつくされていない未知の領域があるという。それは時に「無意識」と呼ばれ、また「潜在意識」と呼ばれる。それは漠とした心像をもって満たされた領域で、いきおい、たいていの科学者はそこに踏み込むことを恐れる。しかしこれを、その存在の事実を否定するものと受けとってはならない。われわれの通常の意識の分野はありとあらゆる種類の心像で満たされている。有益なものがあり、有害なものがある。整然たるものがあり、乱雑なものがある。明瞭なものがあり、漠然としたものがある。強く主張するものがあり、弱々しく消えてゆくものがある。それと同じように、「潜在意識」もまたあらゆる形の神秘主義を蔵する倉であって、およそ潜在とか異常とか、霊魂とか心霊とかの名で呼ばれるものは、すべてこれに含まれる。自己の存在の本性を見究める力もまた、ここに隠されているかもしれない。そして、禅がわれわれの意識の中に目覚めさせるものも、それであるかもしれない。ともあれ、禅匠たちは比喩的に、第三の眼を開くという。「さとり」とはこの開眼《かいげん》、もしくは目覚めに与えられた一般的な名称である。

これは如何にしてなし遂げられるか。

坐禅工夫によってである。知性や妄想に曇らされていない内奥から真直ぐに奔り出る言葉や動作について瞑想するのである。これらの言動は、無知と混迷から生ずる一切の波瀾を見事に根絶する働きをもつ。*

＊ 禅は、その独自の坐禅修行法をもつ。禅は単なる寂静主義や、夢幻自失状態に入ることなどとは、何の関係もない。

ここで、禅匠たちが弟子の心の眼を開くために用いた方法（五章「禅指導の実際的方法」参照）のいくつかを紹介してみるのもおもしろかろう。かれらは、当然、法堂に出る時にたずさえるいろいろの道具をよく活用した。払子《ほっす》（本来はインドで蚊を追うために用いたもの）、竹箆《しっぺい》（二、三フィートの長さの竹の棒）、如意（さまざまな材料でおもしろい形に作られた棒、または杖。字義は「願いのまま、思いのまま」。サンスクリットでは cinta）、拄杖《しゅじょう》がそれである。殊に拄杖は、禅の真理を挙揚《こよう》するのにもっとも愛用されてきた道具である。それを用いた例をいくつかあげてみよう。

長慶慧稜《ちょうけいえりょう》が言うには、「拄杖が何であるかを知る時、その人の生涯の禅の修行は終る」

（訳註17）。これは、テニソンの「壁の割れ目に咲いた花」を思い出させる。なぜならば、拄杖のことわりを知る時、われわれは「神と人」を知る。すなわち、わが存在の本性を見ぬくことができるからである。そしてこの洞察が、これまで精神の静穏を乱していた一切の疑惑と渇望とに、ついに終止符を打つのである。禅における拄杖の意味が、かくして容易に理解できよう。

　芭蕉慧《ばしょうえ》清《せい》——たぶん十世紀の人と思われる——は、ある時、次のように言明した。「おまえが杖を持っているならば、わしは杖をおまえに与えよう。もし持っていないなら、それをおまえから取り上げる」（訳註18）。これは禅の特徴をもっともよく表わした語句の一つである。だがのちに、大潙《だいい》慕《も》喆《てつ》は大胆にもこれに挑戦して、真正面から反対のことを言った。「わしに言わせれば、わしはかれとは違う。おまえが杖を持っているならば、わしはそれを取り上げる。もし持っていないならば、わしはおまえに杖を与えよう。わしの言うところはこの通りだ。おまえはよく杖を用い得るか否か。もし用い得るならば、徳山がおまえの先鋒となり、臨済が後衛となろう。だがもし用い得ないならば、杖を元の主の許に返そう」（訳註19）。

　ひとりの僧が睦州の前に出て問うた、「一切の仏、および祖師の智慧を越える一句は何でしょうか。」師はただちに杖を大衆《だいしゅ》の前に突き出して言った、「わしはこれを杖と呼ぶ。

おまえたちは何と呼ぶか。」質問をした僧は、一言も言えなかった。師はふたたび杖を突き出して言った、「一切の仏、および祖師の智慧を越える一句——僧よ、これがおまえの問いではなかったか」（訳註20）。

この睦州の言葉を不注意に通り過ごす者は、何とくだらないと思うかもしれない。われわれの知識の限界を越える神聖な智に関するかぎり、杖を杖と呼ぼうと、呼ぶまいと、たいした問題とは思われない。だがもうひとりの偉大な禅匠雲門の言ったことは、たぶんもっと近づきやすいであろう。かれもまた、ある時、大衆の前に杖を持ち上げて言った。「経典によれば次のように言う。無知な者はこれを真実のものと思い、小乗の仏教者は、それは存在しないものとし、縁覚《えんがく》はこれを幻であるとみなす。しかるに、菩薩はそのあるがままの実在を認めるが、しかもそれは本質的には空であると言う。しかし、僧たちよ」、師はさらに続けて言った、「おまえたちはこれを見る時、ただ杖と呼ぶがよい。思いのままに歩くもよし、また坐るもよい。だが優柔不断ではいけない」（訳註21）。

同じ古ぼけた取るに足らぬ杖について、雲門はさらに不可思議なことを言う。ある日、かれは言った、「わしの杖は竜と化して、全宇宙を呑み込んでしまった。山あり河ある大地はどこへ行ったか」（訳註22）。またある時は、「空を敲《たた》けば響きあり、木を撃てば声無し（敲空作響、撃木無声）」と言った昔の仏教哲学者を引用して、杖を取り出し、空を打って叫んだ、「痛い、痛い。」次に板を叩いて問うた、「音がするか。」「はい、音がします」と僧が答えた。すると師は「この愚か者めが」と叱りつけた（訳註23）。

こうして挙げてゆけばきりがない。だからこれでやめにするが、次のように問う人があろうと思う。「このような言葉が、自己の存在の本性を見究めることと何の関係があるのか。どうみても馬鹿げている杖についてのこんな話と、人生の実相という重大問題との間に、一体どんな関係があり得るのか。」

その答えとして、わたしは次の二文を付する。一つは慈明《じみょう》から、もう一つは圜悟《えんご》からの引用である。ある時の説法に、慈明は言った。「わずかに一片の塵が起れば、大地がそっくりそのままそこにそれ自身を顕現する。一頭の獅子の中に百億頭の獅子が現われ、百億頭の獅子の中に、一頭の獅子が現われる。実に千頭万頭の獅子がいる。だがただ一頭を知るがよい、ただ一頭だ。」こう言ってかれは杖を持ち上げ、そして続けた。「ここにわしの杖がある。その一頭の獅子はどこだ。」かれは杖をおいて壇を下りた（訳註24）。

『碧巌録』の中で、圜悟は、倶胝《ぐてい》「一指頭の禅」の垂示に同じ考えを述べている。すなわち、「一片の塵が起れば、大地がそこにある。一輪の花が開けば、世界がそこに現前する。だが、塵がまだ起らず、花がまだ開かぬ時には、どこに眼を着くべきか。ゆえに言う、一束の糸を斬る時のように、一斬が一切を切断する。また一束の糸を染める時のように、一染がすべてを同じ色に染めると。さて、いまおまえたち自身、葛藤を脱して、それを微塵に截断せよ。だが、おまえたちの内なる宝を見失ってはならない。それによってはじめて、高きも低きもあまねく相呼応し、先なるものと後なるものの区別なく、おのおのがまどかにそれ自身を現成《げんじょう》する」(訳註25)。

第四章　禅と仏教一般との関係

一　はじめに

禅の中には、表面的にはまことに奇異かつ非合理にさえ見えるものがあって、これが、いわゆる原始仏教を言葉通りに受け取る敬虔な仏教徒たちを驚愕させ、かれらをして、禅は仏教ではなくて、その中国的変形亜流にすぎない、と断言させるのである。たとえば、次のような言葉をかれらは一体どう受けとるだろうか。『南泉普願禅師語要』にいう。池州の長官崔使君は、禅宗第五祖――弘忍《ぐにん》――に問うた（訳註1）。「貴下に五百人もの門弟がいるうち、なぜ他の人をさしおいて慧能《えのう》ひとりが選び出され、第六祖として伝法の衣を受けたのですか。」五祖は答えた。「ただひとり慧能を除いて、他の四百九十九名のわたしの弟子たちは、みな仏教とは何かをよく理解している。慧能は、通常の基準では測りえない人間だ。こうして信の法衣がかれに伝えられたのだ」と。これを評して南泉はいう、「〝空劫〟の時代には、言葉は一切なかった。仏陀が地上に現われるや否や、言葉が生まれ、それで、われわれが記号を固執するようになった。……こうして、いまやわれわれは言葉に執着し、さまざまな仕方で自己を限定する。だが、〝大道〟には、凡（無智）とか聖とかいうものは一切存しない。名前あるものは、すべてそれによってみずからを限定する。だから、江西の老僧（馬祖――南泉の師）は、『それは心でもなく、仏でもなく、また物でもない（不是心、不是仏、不是物）』と言明されたのだ。老僧は、このようにして門弟たちを導こうとされた。ところが今日の禅者たちは、こうした存在を心として実体化することによって〝大道〟を体験しようと、空しい努力を試みる。もしこのようにして〝道〟が体得できるものなら、かれらは弥勒菩薩《みろくぼさつ》の出現（これは世の終りに起るといわれている）まで待って、それで悟りの心を起すがよかろう。このような人々に、どうして精神の自由を願うことなどできよう。五祖下の五百人の弟子たちは、ひとり慧能を除いては、みなよく仏法を知っていた。ただ在俗の弟子慧能は、この点に関してまったく無比《ユニーク》であった。なぜならば、〝かれはまったく仏教を解さなかった〟からである。* かれはただ〝道〟を知り、ほかのことは何も知らなかった。」

＊ これを、五祖の後を継ぐことになったのはなぜか、と尋ねられた時の、「それはわたしが仏法を解さないからだ」という六祖自身の言葉と比べてみよ。わたしはなお、『ケナ・ウパニシャッド（Kena-Upanishad）』の一節をここに引用したい。読者は、バラモン行者とこれら禅僧との間に、思考の上だけでなく、その表現の方法においても、驚くべき一致点があることに気づくであろう。

「〃それ〃を思惟せぬ者によって、〃それ〃は思惟される。
〃それ〃を思惟する者は〃それ〃を知らず。
〃それ〃を理解する者は〃それ〃を理解せず。
〃それ〃を理解せぬ者によって、〃それ〃は理解される。」

道教神秘主義の開祖老子は、同じ精神をうたって言う。「親しき者は語らず、語る者は親しからず。」

これは、禅においてはそれほど意外な言葉ではないが、たいていの禅の批評家たちは憎悪の感を抱くに違いない。仏教はにべもなく否定され、仏教的知識は、禅、すなわち〃大道〃の体得に欠くべからざるものではないという。それどころか、この〃大道〃はどうやら、仏教の否定と同じことのようである。これはどういうことなのか。次の節で、この問いに答えてみよう。

二　仏教の生命と精神

上記の点を解明し、さらに禅は仏教の真髄を伝承するものであって、文字で記された形式的な信仰個条ではないという禅の主張を立証するには、仏教の精神から、一切の外面的な覆《おお》いや、付加物を取り去ることが必要である。これらは、仏教本来の生命力の働きを妨げ、われわれに本質的でないものを本質的なものと思い込ませがちだからである。われわれは、どんぐりは樫の木とはまったく違うことを知っている。だが、そこに成長の連続がある以上、両者は同一であるというのが論理上の帰結である。どんぐりの本質を真に見究めるとは、さまざまな歴史的段階を通しての、その不断の発展の跡をたどることである。種子が種子に留まり、それ以上を意味しないならば、そこには生命はない。それは一箇の完了品であって、歴史的好奇心の対象としての外は、われわれの宗教経験の上には、まったく何の価値も持たない。同様に、仏教の本質を究めるには、われわれは、その発展の全行程をたどって、仏教を今日の円熟の域に導いたそのもっとも健全にして不可欠な精髄は何かを、たずねなければならない。これを知る時に、われわれは、仏教のさまざまな面の一つとして、そして実は、そのもっとも肝要な要素として、禅をどのように認識したらよいかがわかるであろう。

そこで、長い歴史をもって現存するある宗教の構造を充分に理解するには、その教祖とかれの教えとを切り離してみるのが賢明であろう。すなわち、その教えの発展の上の決定的要素として、教祖をその教えから切り離してみるのである。自分が言いたいのは、つまりこうである。まず第一に、いわゆる教祖は、のちにかれの名において成長して行くであろうある宗教組織の開祖になろうという考えは、当初まったく持っていなかった。第二に、かれの存命の間は、弟子たちは、少なくともかれらが事実を意識したかぎりでは、師の人格はその教説と無関係だとは考えなかった。第三に、師の人格の本質に関して、弟子たちの心の中に無意識に働いていたものが、その没後、この上ない強烈さをもって、前面に現われてきた。これは、かれらの中にあって、気づかぬうちに強力になっていたのであった。そして、最後に、弟子たちの心の中で、教祖の人格が大きく成長し、教えの中核をなすほどに強いものになった。言いかえれば、教祖の教えが、その人格の意味を説明する役を果すことになったということである。

現存の宗教体系は、どれも、教祖が自己の心の円熟完成した産物として後世に伝えたものであると考えるのは、大きな誤りである。ゆえにまた、信者たちは、その宗教の教祖、ならびに教説を、神聖なる継承——信者個人の精神的経験の内容によって犯されてはならない宝――として信奉すべきであるとするのも、間違っている。なぜならば、この見解は、われわれの精神生活とは何か、ということを考慮することを怠っており、宗教をすっかり芯まで石化してしまうからである。しかしながら、この静態的保守主義は、つねに、宗教体系を動的見地から見る進歩主義者たちの反対にあう。そして、人間活動のあらゆる分野でたがいに相争っているこの二つの力が、他の場合と同様に、宗教の歴史をも織りなしている。事実、歴史はいたるところ、このような葛藤の記録である。しかし、宗教にこのような葛藤があるというほかならぬこの事実が、それらの葛藤が何かの意義をもっているということ、そしてまた宗教は生きた力であるということを立証している。なぜならば、この葛藤は、徐々に、原初の信仰の隠れた意味を明らかにし、そして、最初には夢想もしなかった方法で、それを豊かにしてゆくからである。このことは教祖の人格に関してだけでなく、その教説に関しても行なわれるが、その結果は驚くべき複雑さとなり、さらには混乱となって、これが時には、われわれが生きた宗教体系の構造を正しく把握する妨げともなるのである。

教祖がまだその信者や弟子たちの間を歩いていた間は、かれらはその指導者の人と教えとを区別はしなかった。人は教えを実証し、教えは人を生き生きと説明していた。教えを信奉するとは、教祖のあとに従うこと——つまり、かれを信ずることであった。かれが弟子たちの中にいるということだけで、かれらの心を動かし、教えの真実性を確信させるに充分であった。かれらは教えを完全には理解していなかったかもしれない。しかし、師がそれを示す時の権威あるようすは、かれらの心に、教えの真理と不滅の価値について、何ら疑いの影を残さなかった。師が弟子たちとともにあり、かれらに語りかけていた間は、師の教えと人とが見事に融和して、弟子たちの心に訴えた。静かなところに退いて、その精神修行の形にしたがって、師の教えの真理を瞑想する時でさえも、師の人としての俤《おもかげ》が、いつもかれらの心の目に映っていたのである。

しかし、威厳に満ち、心を揺り動かさずにはおかぬ師の人格が、もはや肉体としては見られなくなった時、事態は変ってきた。師の教えはいまなおそこにあり、弟子たちはそれを完全に諳《そら》んずることができた。だが、教えと、それを説いた師との人間的つながりは失われ、教祖とその教義とをしっかり一つに結んでいた生きた鎖は、永久にたち切られた。教義の真理を思いめぐらす時、弟子たちは、師はかれらよりずっと深く、そして貴い人であったと思わずにはいられなかった。意識的に、あるいは無意識の中に、さまざまな形で存在すると考えられていた師と弟子たちとの間の類似点は、徐々に消え去っていった。それにつれて、もう一方の面——すなわち、師が弟子たちとはっきり異なった面——が、いよいよ強力に、歴然と現われてきた。その結果は、かれはまったく独自の精神源から生まれてきたに違いないという弟子たちの確信となった。こうして神格化の過程がたえ間なく進み、〝師〟の没後数世紀たった頃には、ついに、かれはこの世に現われた〝至上存在〟そのものとなった――事実、かれは肉体をもった〝最高者〟であって、かれにおいて、神聖な人間性がまどかに現前していた。かれは〝神の子〟、〝仏の子〟であり、〝救世主〟であった。かくて、かれの説いた教えから独立して、かれ自身が考えられることになる。信者たちの目には、かれが関心の焦点になってくる。もちろん、教えは大切であるが、それは要するに、この至尊の魂の口から出たがゆえに大切なのであって、必ずしも、愛、または〝悟り〟の真理を蔵するがゆえに尊いのではない。まことに、教えは、師の聖なる人格の光に照して解釈さるべきである。この師の聖なる人格が、いまや全体系を支配する。かれこそが〝悟り〟の光の輝き出る中核であり、救いは、かれを救世主と信ずることによってのみ、可能である。

さて、この人格、すなわちこの神性のまわりに、さまざまな哲学体系が生じてくる。それらは、本質的にはかれの教えに基礎をおいてはいるが、信者たちの精神体験にしたがって、多かれ少なかれ変更を加えられる。もし教祖の人格が信者たちの心に深い宗教感情をかきたてるようなものでなかったならば、このようなことはけっして起らなかった。つまり、信者たちをもっとも教えに引きつけたのは、もともと教えそのものではなくて、それにいのちを与えたところのものであったということであって、これなくしては、教えはけっしてあのようなものとはなり得なかったのである。われわれがある言葉の真実性を確信するのは、必ずしもそれが論理的にすぐれているからではなくて、主として、そこに、心を揺り動かす生命の流れが脈打っているからである。われわれはまずその生命の躍動に打たれ、そののちに、その真理を立証しようと努める。理解は必要ではあるが、それのみでは、われわれはけっして自己の魂の運命を賭《か》けるほどには動かされない。

日本におけるもっとも偉大な宗教家のひとりは、かつてこう告白した。「よきひとのおほせをかふりて信ずるほかに別の子細なきなり。念仏は、まことに浄土にむまるるたねにてやはんべるらん、また地獄におつべき業にてやはんべるらん、総じてもて存知せざるなり」と(『歎異鈔』)。これは、師への盲従ではなかった。師の中に、人の魂に深く訴える何ものかがあって、弟子は、その何ものかを全身で受けとめたのであった。単なる論理はけっしてわれわれを動かさない。そこには知性を越えた何かがなければならぬ。パウロは、「もしキリスト甦《よみがえ》り給《たま》わざりしならば、汝《なんじ》らの信仰は空しく、汝らなお罪に居らん」と主張した時、物事に対するわれわれの論理的観念に訴えたのではなく、われわれの精神的憧《しょう》憬《けい》に語りかけたのであった。それが年代史上の事実として存在したか否かは、問題ではない。われわれの最大の関心事は、深奥の霊性の成就にある。いわゆる客観的事実といわれるものでさえ、われわれの精神生活の要求にもっとも適った結果を生むように、形作ることができる。幾世紀にもわたる発展を生きぬいてきた宗教組織の教祖はいずれもみな、その人格に、このような精神的要求に充分応えうる特質を備えていたに違いない。教祖その人の他界ののち、かれの人格とその教えとが信者たちの宗教意識の中で分離されるや否や、かれが充分に偉大であった場合には、ただちに、かれが信者たちの宗教的関心の中心を占め、その教えはすべて、さまざまな方法でこの事実を説明する役を果すことになるのであろう。

これをもっと具体的に言うならば、たとえば、今日われわれが有しているキリスト教は、そのどれだけがキリスト自身の教えであろうか。そして、どれだけが、パウロ、ヨハネ、ペテロ、オーガスチヌス、さらにはまた、アリストテレスの貢献によるものであろうか。キリスト教教義の壮大な構造は、その歴代の指導者たちが次々に体験したキリスト教信仰が作り上げたものである。それは一人――たとえそれがキリストであっても――の仕事ではない。なぜならば、教理論は必ずしも、いつも歴史的事実に関係があるとはかぎらない。歴史的事実は、その重要性において、キリスト教の宗教的真理に比すれば、むしろ第二義である。宗教的真理とは、いかにあるべきか、ということであって、いまいかにあるか、またかつていかにあったか、ということではない。それは、世界にあまねく正当なものの確立を目指すが、これは、今日一部のキリスト教教理学の提唱者たちが主張するように、歴史的事件が事実であったか否かによって、動揺をきたすようなものではない。キリストが、事実、「救世主」であると名のったか否かは、大きな歴史的論争点で、いまなお、キリスト教神学者の間で決定をみていない。ある人々はキリスト教信仰に関するかぎり、キリストが「救世主」であると主張したか否かは、どちらでもよいことだともいう。このような、さまざまな神学的難問題にもかかわらず、キリストはキリスト教の中心である。キリスト教の大伽藍は、イエスという人のまわりに建てられた。仏教学者も、かれの教えのあるものを受け入れ、その宗教体験の内容に共鳴することもあろう。しかし、イエスに〝キリスト〟、すなわち〝主〟としての信を抱かないかぎり、かれらはキリスト教徒ではない。

だから、キリスト教は、イエス個人の教えだけからなっているのではなく、イエスの人格、およびその教説に関するあらゆる教義上、思惟上の解釈からなっている。そしてこれらは、教祖の没後ずっと蓄積されてきたものである。言葉を換えていえば、キリストが、かれの名で呼ばれるようになった宗教体系を創立したのではなくて、信者たちによって、かれがその教祖にされたのであった。もしかれが、いまなおその信者たちとともにあるとしたら、自称キリスト教徒に今日課せられている理論、信仰、実践のすべてを是認することは、まずないであろう。もし、かれらのすぐれた教理論がかれの宗教かと聞かれるならば、キリストは、何と答えてよいかわからないであろう。おそらくかれは、今日のキリスト教神学の哲学的精妙さについては、まったく一切あずかり知らぬ、と告白するかもしれない。しかし、現代のキリスト教徒の見地から、かれらは断乎としてこう主張するであろう。かれらの宗教は、「唯一の出発点にして原初の基本的人格」すなわち〝キリスト〟としてのイエスに帰すべきものであり、かれらの宗教団体が経験した数多《あまた》の建設や変形は、かれら独自の〝キリストの信〟の妨げにはならなかった、と。かれらは、原初のキリストのまわりの兄弟たちと同様に、キリスト教徒なのである。なぜならば、そこには内なる必要がもたらした生成発展の全過程を通じて、同じ信仰の歴史的継続があるからである。ある特別な一時期の文化の形を何か聖なるものとみなし、それをいつまでもそのままに引きつぐべきだと考えるのは、われわれの、永遠に価値あるものを求める精神の希いを蹂躪するものである。これが、現代の進歩的なキリスト教者のとる立場だ、と自分は思う。

それでは、現代の進歩的な仏教者は、仏教の真髄をなす仏教の信に関して、いかなる態度をとるであろうか。仏陀の弟子たちは、師をいかに考えたか。仏たることの本質、および価値は何か。仏教を、単に仏陀の教えであると定義する時、それは、歴史の進行とどもに動いてきた仏教の生命を説明しえているだろうか。仏教の生命とは、仏陀自身の内なる精神生活の展開であって、仏教経典に〝法《ダルマ》〟（dharma）として記されているそれについてのかれの説明をいうのではないと思うが、どうだろうか。仏陀が説いた言葉の中に、教えに生命を与える何ものかがあって、それがさまざまな論議論争の底を流れつつ、アジア全土に拡がった仏教の歴史を特徴づけているのではなかろうか。この生命こそ、進歩的な仏教者がつかまえようとしているものである。

　だから、仏教を、単に仏陀自身が設立した宗教教義の体系および実践であるとみなすのは、仏陀の生涯とその教えに充分に一致しない。なぜならば、仏教はそれ以上のものであって、仏陀の信者たちのあらゆる体験と思索、殊に師の人格、および師とその教義との関係についての信者たちの体験と思索が、そのもっとも重要な構成要素となっているからである。仏教は、ジュピターからミネルバが生まれたように、すっかり武装をととのえて仏陀の心から出てきたのではない。最初から完成した形の仏教を考える学説は静的な見方に過ぎず、そのとどまることなくつづく生成発展を中断してしまうものである。われわれの宗教体験は時間の制約を越える。その拡大してやまぬ内容は、みずからを損《そこ》なうことなく成長してゆく、より確実な形を必要とする。仏教が生きた宗教であって、死んで働きのないガラクタのつまった歴史的ミイラでない以上、それは、その成長の助けとなる一切のものを、吸収同化することができなければならない。生命を持った組織体にとって、これはまことに当然なことである。そしてこの生命は、そのいろいろと分岐した形や構造の中にたどることができるであろう。

パーリ仏教、および阿含経典の学者たちのいうところによると、仏陀の説いたことの一切は、その体系的な教えに関するかぎり「四聖諦《ししょうたい》」、「十二因縁《いんねん》」、「八正道《しょうどう》」、および「無我」（anātman）と「涅槃《ねはん》」（nirvāṇa）の教えに要約されるという。もしそうだとすれば、いわゆる原始仏教と呼ばれるものは、その教義面だけを考える時、きわめて単純なものであったといえよう。ついには小乗、大乗の双方をふくむ、仏教という名の壮大な一大伽藍を築き上げることを約束するようなものは、これらの教義には何もない。仏教を充分に理解したいと願うならば、われわれは、その底に深く突き進んで、仏教の生きた精神の存するところに到らねばならない。教理面を表面的に観ることで満足する人々は、仏教の内なる生命を真に説き明かすその精神を見のがしがちである。仏陀の直弟子のある者は、師の教えの一段と深いところを受けとり得なかった。かれらは、自分たちを師の方へと動かした真の精神的な力に気づかなかったのである。発展してやまぬ仏教の生命の鼓動にふれることを願うならば、われわれは目を深奥に向けねばならぬ。仏陀がいかに偉大であったとしても、かれは豺《やまいぬ》を獅子に変えることはできなかったし、また豺も、その獣性以上には、仏陀を理解することはできなかった。後世の仏教者が言うように、仏にしてはじめて他の仏を理解し得る（唯仏与仏）。われわれの主観的な生命が、仏陀のそれと同じレベルにまで高められないかぎり、かれの内なる生命を作り上げている多くのものは、われわれを素通りする。われわれは、自分自身の世界以外のところでは生き得ない。* ゆえに、原初の仏教徒が師の生命の中に読みとったのは、かれらが書き残した程度のものだけでそれ以上には出なかったとしたら、それは、仏陀に属するもの一切がこれで尽されたということの証しにはならない。おそらくは、もっと内容豊かな内的意識を有し、仏陀の生命にずっと深く分け入った仏教者もあったであろう。かくて宗教の歴史は、われわれ自身の精神的展開の歴史となる。仏教は、いわば生物学的に理解すべきであって、機械的に解釈してはならない。こうして見るならば、「四聖諦」の教えさえも、一段と深い真理を蔵するものとなろう。

* このことは、仏陀がはじめて〝悟り〟に到った時、かれ自身よく承知していた。かれが〝悟り〟の心に覚知したことを他に伝えることはできないし、もしまた伝えたとしても、かれらはそれを理解し得ないことを仏陀は知っていた。かれがその宗教的生涯のはじめに、〝法輪〟を転じようとはしなかった理由はここにあった。仏教文献の阿含部に属する経典『過去現在因果経』（Sūtra on the Cause and Effect in the Past and Present, 巻二）に次のように言う。「わが本願は成就した。わたしの得た〝法《ダルマ》〟

（すなわち真理）はあまりにも深く、理解は届かない。仏にしてはじめて、他の仏の心にあることが理解できる。この〝五濁《ごじょく》〟（pañca-kashāyā）の代には、一切のものは、貪り、怒り、愚かさ、偽り、高ぶり、己惚《うぬぼ》れにおおわれている。かれらは福徳少なく、愚かにして、わたしが体得した〝ダルマ〟を解する力を全然持たない。たとえわたしが〝法輪〟を転じたところで、きっとかれらは混乱当惑して、それを受けとり得ないであろう。それどころか、かれらは誹謗をもっぱらにし、もって悪路に落ちて、あらゆる種類の苦しみを受けるかもしれない。わたしはじっとしていて、〝涅槃〟に入るのが一番よかろう。」

前記文献の初期の訳で、インドの仏教学者大力（Ta-li）およびチベット人康孟詳（Mangsiang）が紀元一九七年に漢訳したものに、『修行本起経』（Sūtra on the Story of the Discipline）があるが、これはまだ、仏陀がその〝悟り〟について沈黙を守ろうと決心したことには言及せず、ただ次のように言っている。かれの得たものは全智にして、それは理解を越え、説明することもできない。その高さは測ることができず、その深さも測り得ない。「それはその中に全宇宙を含み、しかも浸透できぬところにも浸透する。」『大本経』（The Mahāpadāna Suttanta）〔長阿含〕および『聖求経』（The Ariyapariyesana Suttam）〔中阿含〕参照。

仏陀は形而上学者ではなかった。それで当然、完全に理論上の問題にとどまり、〝涅槃〟（nirvāṇa）の達成には実際上何の効果もない問題の議論をさけた。かれは、当時インドの人々の心を占めていた哲学的諸問題について、かれ自身の見解を持っていたかもしれない。

しかし、他の宗教指導者と同様に、かれの主な関心は思索の実際的効果にあって、いわゆる思索それ自体にはなかった。かれは、肉に突き刺さった毒矢を除くことに専念して、他をかえりみる暇《いとま》がなかった。かれは、その矢の歴史、目的、構造等を調べたいとは思わなかった。なぜならば、生命はそのためにはあまりにも短過ぎたから。そこで、かれは、世界をあるがままに受けとった。すなわち、かれの宗教的直観に映るがままに、そして、かれ自身の評価に従って解釈した。かれはそれ以上に出ようとはしなかった。この世界ならびに人生に対するかれの見方を、かれは〝法《ダルマ》〟(dharma)と呼んだ。まことに包括的でかつ柔軟性のある言葉であるが、ただし、これは仏陀がはじめて使った言葉ではない。というのは、それはその以前から、主として儀式や法則の意味で広く使われていたが、仏陀がそれにより深い精神的な意味を与えたのであるから。

仏陀が実際的であって、形而上学的ではなかったということは、かれの敵対者がかれに浴びせた批判によっても見られよう。「ゴータマはいつ見ても、人のいない部屋に一人坐しているが、かれは智慧を失ってしまったのだ……かれのもっとも聡明な第一の弟子舎利《しゃり》弗《ほつ》(Sāriputra)でさえ、赤児のようである。まるで愚かで、弁舌のこともわきまえない。」* だが、後世の発展の種子がここにある。もし仏陀が理論立てに専念していたならば、かれの教えの成長はまったく期待できなかったであろう。思索は、いかに深く、いかに緻密であろうとも、もし精神的生命を持たないならば、その可能性は間もなく枯渇してしまう。〝ダルマ〟はたえず円熟しつつあった。なぜならば、それは不思議に創造的だったからである。

＊「阿含相応部」（Saṁyukta Āgama）（漢訳）巻三二参照。

たしかに仏陀は、知性についてまことにプラグマティックな考えを持っていた。かれは、多くの哲学的問題を、人生の究極の目的を達成する上には不必要なこととして、未解決のままにすて置いた。これはかれにとって、まことに当然なことであった。かれがなお弟子たちの中に生きていた間は、かれが、その教えに込められた一切のもの、生きた解明であった。〝法《ダルマ》〟は、そのもっとも肝要な面のすべてをかれの中に明示していた。だから、〝法《ダルマ》〟（dharma）、〝涅槃《ねはん》〟（nirvāṇa）、〝自我《アートマン》〟（ātman）、〝業《カルマ》〟（karma）、〝菩提《ぼだい》〟（bodhi，悟り）等の概念の究極の意味について、無益な思索にふける必要はなかったのである。仏陀の人格が、これらすべての解決の鍵であった。弟子たちは、この事実の意味を充分に認識していなかった。かれらが〝ダルマ〟を理解したと思った時、その理解は、実は、仏陀に頼ったものであることを、かれらは知らなかった。目前にかれが在《いま》すということは、なぜか弟子たちの持つあらゆる精神的苦悶を、和らげ満足させる効果を持っていた。かれらは、母の愛と慰めの腕にしっかりと抱かれているかのように感じたのである。かれらにとって、仏陀は実にこのような存在であった。* だから、かれらが意識するようになったかもしれない幾多の哲学的諸問題について、仏陀に解明を強要する必要はなかったのである。この点に関して、かれらは、形而上学のるつぼに弟子たちを引き入れることを好まぬ仏陀に、容易に同調した。しかし、同時にこのことは、仏陀の教えについてだけでなく、主として、教えとかれの人格との関係について、後世の仏教者たちが各自の学説を発展させ得る、充分な余地を残すことになったのである。

＊ 仏陀の人格は、かれの驚くべき知的特質とともに、あるいはそれ以上に、讃嘆崇敬の的であったが、このことは阿含経典のいたるところに見られる。一、二例をあげてみよう。「忉提耶の子スバマナーヴァ（Subha-Manāva Todeyyaputta）は森に坐したもう世尊に接した時、星の中の月のように晴やかに輝やくその人格のうるわしい静澄さに打たれた。かれの容貌は完全に、美しく、金色の山のように輝やいていた。その気品は尊厳にして、一切の感情はことごとく統御され、暗雲を呼ぶすべての激情を離れてまことに安らけく、その心はよく鎮まり、静かに調えられて、まったく穏やかであった」（『中阿含経』The Middle Āgama 巻三八）。

この仏陀の人格の讃嘆は、のちに、かれの存在の神格化へと発展し、仏陀、もしくはその徳を念ずれば、一切の精神的、肉体的悪を防ぎ得ると考えられた。「体、もしくは口、もしくは心をもって悪行をなした者が、臨終において如来の徳を念ずれば、かれらは三悪道に落ちず、天に生まれよう。極悪の者といえども天に生まれよう」（『増一《ぞういち》阿含経』The Ekottara Āgama 巻三二）。「シュラマナ・ゴータマの現われるところには、悪魔、邪神は一切近づくことができぬ。だから、かれをここに招こう。そうすれば、（われわれを悩ませてきた）一切の邪神は、おのずから退散するであろう」（同上）。後代、仏教徒が仏陀を〝念〟（smṛti）の第一の対象にしたのはもっともなことであった。これが、かれらの心がさまよい出るのを防ぎ、仏教徒の生活の最後の目的を達成するのを助けるものと、かれらは考えた。これらの引用文は、明らかに次のことを示す。すなわち、一方では仏陀の教えが、はじめに美しく、中に美しく、終りに美しい〝ダルマ〟として信者たちに受け入れられた反面、他方では、仏陀の人が、不思議な力と聖なる徳とに満ちたものと考えられ、ゆえに、かれの存在がそれだけですでに、精神的のみならず、物質的にも、幸いな情況を創りだすに違いないと思われた。

仏陀の入涅槃は、弟子たちには「世の光*」が失われたことを意味した。その光によって、かれらはかくも輝やかしい物事の見方ができたのであった。〝法《ダルマ》〟（dharma）はそこにあった。そしてかれらは、師に教えられた通りに、その中に仏を見ようとしたが、それは、もう、以前のように、生き生きとした効力を持たなかった。数多くの法則からなる戒律は、僧団内できちんと守られていた。だが、これらの規定は、何となく権威を失った。かれらは静かなところに退いて、師の教えを瞑想した。しかし、瞑想はそれほど生命を与えるものでもなく、また心を満たすものでもなくて、疑いがたえずかれらを襲った。そして当然の結果として、かれらの知的活動がふたたびはじまった。すべては、いまや、推理力がおよぶかぎりの充分な説明を要することになった。弟子の純真な帰依に対して、形而上学者が自説を主張しはじめた。仏陀の口から出た権威ある命令として受けとられていたものが、いまや、哲学的討議の主題として検討されることになった。二つの派が、たがいに分野を二分しようとした。急進主義が保守主義に対立し、さまざまな傾向の宗派が両派の間に位した。〝大衆部《だいしゅ》〟（mahāsaṅghikas）が〝上座部〟（sthaviras）に対抗し、その間に、それぞれ相違の程度を代表する二十、あるいはそれ以上の異なった部派が生じた。

＊　仏陀が〝涅槃〟に入った時、僧たちは嘆いた。「あまりにも早く〝如来〟は逝きたもうた。あまりにも早く〝世尊〟は逝きたもうた。あまりにも早く〝大法〟は絶えた。一切のものは永遠に悲境に残された。なぜならば、〝世界の眼〟は消えてしまったからである。」かれらの悲嘆は、筆舌に尽せなかった。かれらはまるで、根も、幹も、枝も、すべて剝《は》ぎ取られて、千々にくだかれた大木のように地に伏した。かれらは刀を受けた蛇のように、反転してもだえた。健全で理にかなった師の教えよりも、その人格に心を向けていた仏教徒にとって、このような極度の悲しみの表現は当然であった。パーリの『パリニバーナ・スッタンタ』（Parinibbāna-suttanta）参照。

しかし、われわれは、仏陀ならびにかれの教えに関するさまざまに異なった見解を、異質なもの、仏教の構成要素には属さないものとして、仏教の本体から取り除いてしまうことはできない。なぜならば、これらの諸見解こそが、まさに、仏教の骨格を支えているのであって、これがなければ、骨格そのものがまったくの非存在となるからである。どの宗教でも、長い発展の歴史をもった現存の宗教を批判するたいていの人々が犯す誤りは、それを、そのまま受け入れるべき完成した体系と考えることである。ところが実際は、有機的かつ精神的なものはいずれも——われわれは、宗教をこのようなものと考えるのだが——定規やコンパスで紙の上に描けるような、幾何学的輪郭を持たない。それは、客観的に限定されることを拒否する。なぜならば、これは、その精神の成長に制限を設けることになるからである。かくて、仏教とは何かを知ることは、仏教の生命の中に分け入って、それが歴史の中で客観的に自己を展開するのを内側から理解することであるといえよう。ゆえに仏教の定義は、仏教と呼ばれる精神運動を押し進める生命力の定義でなければならない。仏陀の没後、その人格、生涯、教えに関してなされたあらゆる教義、論争、説明、解釈などは、みな、インド仏教の生命を構成した本質的なものである。これなくしては、仏教として知られる精神活動はあり得なかった。

一言でいえば、仏教の生命、ならびに精神を作り上げたものは、仏陀その人の内的生命、ならびに精神にほかならない。仏教は、その教祖の最深最奥の意識のまわりに築かれた建築物である。様式や外部建築の材料は、歴史の進行につれて変るかもしれない。だが、建築物全体を支える仏陀たること（buddhahood）の内的意味は、変ることなくつねに生き続ける。仏陀はこの世にあった間、直弟子たちの能力に応じてそれをわからせようとした。換言すれば、弟子たちは、最善の力を尽して、師が究極の解脱への道を指し示して説いた種々の説法のより深い意味を理解しようとした。仏陀は「一つの声」*で説法したというが、帰依者たちがそれを解釈し、理解した受け取り方は、実にさまざまに異なっていた。これは避けがたいことであった。なぜならば、われわれは、めいめい、自分自身の内的経験を有するが、それを説明するには、各自がみずから創り出した言葉によらなければならない。深さや呼吸が異なってくるのは当然であるからである。しかし、このいわゆる個人の内的経験は、たいていの場合は、まったく独創的な語法を必要とするほど深くはげしいものではなくて、ふるい用語——昔の独創的な精神指導者のひとりがかつて使った言葉——を新しく解釈することで、こと足りるかもしれない。偉大な歴史的宗教は、どれも、この方法でその内容や思想を豊かに成長させる。時には、この繁栄は上部構造の生長過剰を意味し、原初の精神の完全な埋没に終るかもしれない。これは批判的な判断を要するところであるが、その他の点では、われわれは、いまなお活動している生きた原理の認識を忘れてはならない。仏教の場合、仏陀自身の内的生命が、かれの名で呼ばれる宗教体系の歴史の中に具現していることを、見落してはならないのである。禅者は、かれらが仏教の真髄を伝えていると主張するが、これは、禅が、一切の歴史的、教理的な衣を剝ぎ取った、生き生きした仏陀の精神そのものをつかんでいるという確信に基づくものである。

＊『無量寿経』（The Sukhāvatī-vyūha, マックス・ミュラー、南条文雄共編）参照。七ページに、"Buddhasvaro anantaghoshah" すなわち、仏陀の声は無限の音声をもつとある。『法華経』（Sad-dharma-puṇḍarika）一二八ページには、"Savareṇa caikena vadāmi dharmaṃ" ——われは一つの声にて法を説く、とある。一つの味の水（ekarasam vāri）が、薬草、灌水等々をさまざまに産み出すという水のたとえは、大乗仏教者の間に広く知られている。

三　中国における禅としての悟りの教理

〝さとり〟（Enlightenment）、すなわち自我実現（self-realization）の教えが、どうして中国において、禅（Zen Buddhism）と訳されるようになったのだろうか。これを理解するには、われわれはまず、一般に中国人の心が、インド人とどう違うかを知らなければならない。これを知ってはじめて、禅は、中国の土壌に生まれるべくして生まれた当然の産物であることがうなずけよう。仏教は、この中国の土地に、多くの悪条件にもかかわらず、立派に植えかえられたのであった。そこで、概略的にいえば、中国人はまず何よりも、もっとも実際的な国民であるが、他方、インド人は、空想的でかつ高度に思弁的である。おそらくわれわれは、中国人が想像力に乏しく、劇的感覚に欠けているとは判断できないであろうが、仏陀の生国に住む人々と比べると、かれらはいとも灰色に、地味に見える。

それぞれの国の地勢は、その国の人々にいちじるしく反映する。創造力の熱帯的豊饒さは、平凡な実際性の冬の荒涼さと、あざやかな対照をなす。インド人は分析に精妙で、目もくらむばかりの詩的飛翔をなす。中国人は大地生活の子である。かれらは黙々として歩む。けっして天に翔《か》け去ることはない。その日常生活は、土を耕し、枯葉を集め、水を汲み、売り買いし、孝を尽くし、社会のつとめを果し、この上なく念入りな礼の体系を発達させることにあった。実際的であるとは、ある意味では、歴史的であることを意味し、時の進行を観察して時が後に残した跡を記すことである。中国人は、偉大な記録者であることを誇ってよい――インド人が時の観念を欠いているのと、よい対照である。紙に墨で書いた書物では満足せず、中国人はその行為を深く石に刻み、こうして石彫りの特殊な芸術を発達させた。この出来事を記すという習慣が、かれらの文学を発展させた。中国人はきわめて文学的であって、いささかも好戦的ではない。かれらは平和な文化の生活を愛する。かれらの欠点は、文学的効果のためには、事実を犠牲にするのも厭《いと》わないということにある。つまり、かれらは大変正確かつ科学的だとは言いがたいということである。見事な修辞や、美しい表現の愛好は、しばしば、かれらの実用意識を押し流した。しかし、ここにもまたその芸術がある。この場合においても、充分に抑制が働いていて、かれらの穏当冷静さは、けっして、われわれがほとんどの大乗経典の中で遭遇するあの幻想の形をとることはなかった。

中国人は多くの点で偉大である。かれらの建築はまことに見事である。かれらの文学的業績は、世界の感謝を受けるに値する。しかし論理は、かれらの得意とするところではない。哲学、および想像力もまた然りである。仏教がはじめて中国に紹介された時、そのインド独特の語法と比喩とは、中国人の心を呆然とさせたに違いない。いくつもの頭や腕を持った神々を見るがよい――かれらの頭にはついぞ浮んだことのないものであった。事実、これはインド人以外のどの国民の頭にも浮んだことはなかった。仏教文学の中に出てくるものすべてにみられる豊かな象徴を考えてみるがよい。無限に関する数学的概念、菩薩の世界救済の計画、仏陀が説法を始める前の、総括的な輪郭だけでなく細部にもわたっているすばらしい舞台装置等々――すなわち、大胆にしてしかも的確、高く舞い昇りつつ、しかも一歩一歩が確実である――これらのそして多くの他の特色は、実際的で、大地をこつこつ歩む中国の人々には、驚嘆すべき事柄であったに違いない。

大乗経典から引用する次の例によって、読者は、想像力に関するインド人と中国人との相違が納得できるであろう。『法華経《ほけきょう》』（Saddharma-puṇdarīka）の中で、仏陀は、かれが〝正覚《しょうがく》〟（無上の悟り）を成就してからの時の長さを弟子たちに印象づけようとしている。単に、かれの〝悟り〟は、かれらが数字でかぞえうる年月の昔、ガヤー（Gayā）の町の近くの菩提樹の下で成就したのだ、と考えるのは誤りであるとは、かれはいわない。またそれは、ずっと昔に起ったのだというような一般的な言い方もしない――これは、まさに中国人の取りそうな方法である。かれはきわめて分析的に、かれが〝悟り〟に到ったのはいかに遠い昔のことであったかを、次のように述べるのである。

「しかし、良家の若者たちよ、事実はこうである。幾百千万拘胝《くてい》（kotis，億）の昔に、私は〝無上の完全な悟り〟に到達した。たとえて言うならば、良家の若者たちよ、五千万拘胝の世界の土《つち》の微塵がある。ここにひとりの男があって、その土の微塵のひとつをとり、五千万拘胝の世界を越えた東の方に行き、そこにその微塵を置くとする。男はこの方法で、これらの世界からすべての土を運び去り、同じ方法、同じ動作によって、すべての微塵を東の方に置くとする。さて、良家の若者たちよ、誰か、これらの世界の数を計り、想像し、かぞえ、決定することができようか。」世尊がこういった時、弥勒菩薩（Bodhisattva Mahāsattva Maitreya）はじめすべての菩薩たちは答えていった。「世尊よ、それはかぞえることができません。それらの世界は無数であって、思惟の領域を越えるものであります。

世尊よ、すべての声聞《しょうもん》、縁覚も、その聖智（ārya-knowledge）をもってしても、それを想像することも、かぞえることも、また決定することもできないでありましょう。世尊よ、わたしたちは不退転の地位に到った菩薩でありますが、わたしたちにとってもまた、この点は理解の範囲の外にあります。世尊よ、それらの世界はまことに数限りがありません。」

かれらがこう言い終った時、仏陀は、菩薩摩訶薩《まかさつ》たちに次のように言われた。「わたしは告げる、良家の若者たちよ、わたしはあなた方に言明する。その男が土の微塵を置く国と、そして置かない国とがどのように数多くあろうとも、良家の若者たちよ、その幾百千万拘胝の世界には、わたしが〝無上の完全な悟り〟に到ってから過ぎた百千万拘胝の年月ほどの微塵はないのである。*」

＊　カーン（Kern）訳。『東洋の聖なる書物』（Sacred Books of the East）巻二一、二九九―三〇〇ページ。

このような数の観念、そして、このような叙述の仕方は、けっして中国人の心には入ってこなかったであろう。もちろん、かれらとて長い時の持続を考えることもできるし、偉大な業績を解することもできる。このことでは、かれらはいずれの国の人々にもひけをとらない。だが、その無限大（vastness）の思想をインドの哲学者のような方法で表現することは、かれらの知識を越えることであった。

物事が概念的叙述の届く範囲にはない時、しかもなお、それを他に伝えねばならぬ時、たいていの人のとる方法は、次のごときものであろう。すなわち、沈黙を保つか、あるいは単にそれは言語を越えると言明するか、それとも否定に訴えて、「これではない」、「それでもない」というか、あるいは、もしその人が哲学者ならば、このような問題を論ずることがいかに論理的に不可能かを説明する書物を一冊書くであろう。しかし、インド人は、きわめて斬新な方法を見出し、分析的推理を当てはめることのできない哲学的真理を、それによって解明した。かれらは、奇跡や超自然的現象によって説明を行なったのである。こうして、かれらは仏陀を一大魔術師にした。仏陀ばかりではない、大乗経典に現われる主な人物は、ほとんどみな魔術師になった。そして、自分の見るところでは、これは、すなわち深遠な教理についての超自然的現象の描写は、大乗仏教の文献の中の、もっともおもしろい特色の一つである。このようなことは実に大人げないことで、厳粛な宗教的真理の指導者としての仏陀の威厳を損うものであると、考える人々もあるかもしれない。しかしそれは、皮相的な解釈にすぎない。インドの観念論者たちは、もっとよく知っていた。かれらは、もっとずっと鋭い想像力を持っていて、知性にその力以上の仕事が課せられた時には、いつでも、効果的にその想像力を駆使した。

われわれは、仏陀にこのような魔術的はなれわざを行なわせた大乗仏教者たちの動機を理解しなければならない。それは、人間の知性に許された普通の方法では道理上不可能なことを、比喩によって解明することであった。知性が仏陀たることの本質を分析し得なかった時、かれらの豊かな想像力が、具象化という方法で救援に現われたのである。われわれは、〝悟り〟を論理的に説明しようとすると、いつも、自分が矛盾に巻きこまれているのを知る。しかし、われわれの象徴的想像力に訴える時には——豊かにこの能力に恵まれている人の場合には特に——問題はより容易に理解されることができる。少なくとも、これが、インド人の超自然論の意義についての考え方であったように思われる。

舎利《しゃり》弗《ほつ》（Sāriputra）が維摩《ゆいま》（Vimalakīrti）にたずねた。「自分の席ひとつしかないこんな小さい部屋に、病める哲人を見舞いに文殊《もんじゅ》（Mañjuśrī）とともにやってくる幾千もの菩薩、阿羅漢、諸天の大衆を、どうして収容することができるだろうか。」維摩は答えて言った。「あなたはここに床《い》坐《す》を求めにきたのか、それとも〝法《ダルマ》〟を求めにきたのか。……〝法〟を求める者は、無の中にそれをたずねることにおいて〝法〟を見出すのである。」そこでかれは、文殊から、どこで席が得られるかを聞いて、須弥《しゅみ》燈王《とうおう》（Sumerudīparāja）如来という仏に、高さ八万四千由旬《ゆじゅん》（一由旬はわが六里強という）の、荘重に装飾された獅子坐を三万二千そろえてほしいと依頼した。その獅子坐が届いてみると、前には席ひとつの広さしかなかった維摩の部屋が、いまや、不思議にも、文殊の一行全部を収容し、めいめいは天界の床坐《いす》にゆるやかにかけた。しかも、ヴァイシャーリ（Vaiśāli）の町全体も、世界の他のところも、これがために溢れるほどに混雑する気配はみえなかった。舎利弗は、この超自然の出来事を目撃して非常に驚いたが、維摩は説明して言った。「心の解脱の教えを解する人々にとっては、須弥山《しゅみせん》を一粒の芥子の中に封じ込めることも可能である。また四海の波を皮膚の毛孔の一つに流れ込ませることもできる。しかも、もろもろの魚、鰐《わに》、亀、その他の水に棲むものに、何の不便も感じさせない。心の世界は、時間や空間の拘束を受けない」と。

『楞伽経《りょうが》』（Laṅkāvatāra Sūtra）第一章から、もう一つ例を引いてみよう。これはもっとも古い漢訳の『楞伽経』には出ていない。ラーヴァナ王（Rāvaṇa）は、マハーマティ（Mahāmati）菩薩を通して、仏陀にその内的体験の内容を明かすように願ったが、その時、王は思いがけない光景を目にした。すなわち、かれの山荘が天の荘厳をもって装飾された無数の宝石の山と化し、その山のひとつひとつにかれは仏陀を見た。そして、おのおのの仏陀の前に、会衆とともにラーヴァナ王自身が立ち、そこにはまた、十方世界のすべての国々があった。さらにまた、その国々のひとつひとつに如来が現われ、その前に、またラーヴァナ王およびその眷族《けんぞく》、王宮、王庭があって、どれも実際のものと同じように装飾されていた。そして、このような数え切れぬ会衆のひとつひとつにマハーマティ菩薩がいて、仏陀にその内なる精神経験の内容を説き明かすように求めていた。そして、この問題について、仏陀が幾百幾千もの妙なる声で説法を終えた時、突然、全光景が消え失せ、仏陀も、一切の菩薩も信者たちも、そこにはもういなかった。そして、ラーヴァナ王は、かれの古い王宮にただひとりいる自分を見出した。その時、かれは思いをめぐらした。「問いをなしたのは誰であったか。耳を傾けて聞いたのは誰であったか。わたしの前に現われたものは何であったか。それは夢であったのか。それとも、魔術の現象だったのか」と。かれはさらに思考した。「物事はすべてかくのごとく、みな、みずからの心が創り出すものである。心が分別する時、そこに種々の事物が現われる。だが、もし分別しないならば、心は物事のまことのすがたを洞見する。」こう思惟した時、かれは空中に、そしてかれ自身の王宮の中に、声を聞いた。「王よ、あなたはよく思惟した。あなたはこの見方によって振舞うがよい。」

ひとり大乗文学だけが、一切の時間・空間の相対的状態を越え、人間の精神的・身体的諸活動を越える仏陀の不可思議な力を記したのではない。パーリ経典も、この点ではけっして大乗におくれをとらない。仏陀の〝三達智〟（threefold knowledge）——これは、過去（宿命智）、未来（天眼《てんげん》智）、およびかれ自身の解脱（漏尽《ろじん》智）に関する智をいう——は言うにおよばず、かれはいわゆる三種の奇特（three wonders）――神通・慧心・摂受《しょうじゅ》奇特――をも行なうことができる。阿含経典（Nikāyas）に描かれた神秘な出来事を詳細に検討する時、われわれは、そこには仏陀の人格の讃美と神格化のほかには、何の目的もないことを知る。

このような奇跡を記した人々は、こうすることによって、自分たちの師を、対抗者たちの目に、普通の人間よりもずっと優れた偉大なものにすることができると考えたに違いない。現代のわれわれの見地からすれば、かれらのこのような考え方はまったく子供じみている。すなわち、『ケワダ経』（Kevaddha Sutta）に見られるように、かれらは、師のなす異常な行為が人々の注意を仏教にひきつけ、人々はその異常さゆえに、仏教のすぐれた価値を認識するようになると考えた。しかしその昔インドにおいては、大衆は、否、学識豊かな学者たちさえも、超自然の力を非常に重んじていた。そして仏教者は当然、この信仰を最大限に活用した。けれども大乗経典に到る時、われわれは、ただちに次のことに気づく。すなわち、ここになおいっそう壮大な規模で描かれている奇跡は、超自然論そのものや、あるいは、宣伝、自己拡張などの底意とは何の関係もなく、それらは、ここでは、経典の説く教えそのものに本質的かつ密接に結びついている。たとえば、『般若経』（Prajñā-pāramitā Sūtra）においては、仏陀の身体の各処から同時に無数の光線が輝き出て、たちまちに世界の涯《はて》までも照らす。一方、『華厳経』(Avataṃsaka Sūtra)では、仏陀の身体の異なった部分が、異なった折に光を放つ。『法華経』(Saddharma-puṇḍarīka Sūtra)では、仏陀の眉間の毛の輪の中から、一筋の光が放たれ、その光は東の方《かた》十八万余の仏国土を照らしてそれらの国々の一切のものを顕わし、阿鼻《あび》地獄(Avīci)と呼ばれるもっとも深い地獄にすむものまでも示現する。これら大乗経典の著者たちは、仏陀の不可思議力の叙述において、明らかに、小乗の阿含経典編纂者とはまったく違った何かを心に持っていた。自分は、ここに、その異なったものが何であったかを、ごく一般的な方法で指摘した。大乗の超自然論を、詳細にわたって体系的に研究してみればきっとおもしろかろうと思う。

それはともかく、大乗仏教の文献に超自然論が紹介された理由は、知性には霊性的事実の理解は不可能だということを示すにあったというのが、自分の論旨であるが、これを打ち立てるには、上記の引用で充分であろう。哲学が、何とかこの霊性的事実を論理的に説明しようとあらゆる方法を尽したのに対し、維摩は、ヴェーダの神秘家(Vedic mystic)バーヴァ(Bāhva)のように沈黙を守った。これに満足せず、インドの大乗の著者たちはさらに超自然的象徴主義を持ち出した。しかし、中国の禅仏教者たちは、みずからの必要と直観とにしたがって、かれら自身の方法を生み出し、それによって、仏教で〝悟り〟と呼ばれる至上にして最深の精神経験を伝えるという難問題に立ち向かわなければならなかった。

中国人には、インド人のように、神秘や超自然論の雲の中に身を隠す才はない。荘子と列子は、古代の中国において、もっともインド的な心に近かったが、かれらの神秘主義は、壮大さ、精妙さ、天翔《あまか》ける想像力の高さにおいて、インド大乗仏教者の足もとにもおよばない。荘子は、天馬の背にまたがり、雲のように舞い上がる翼に乗って天を駈けた時、その力のかぎりを尽した。列子は、雲や風に、自分の馭者のごとくに命令できた時、その全力を注いでいた。後代の道教者たちは、幾年もの禁欲苦行を経たのち、種々の珍しい薬草を調合した不老不死の薬を飲んで、天に昇ることを夢みた。こうして、中国には、人里遠く離れた山中に住む道教の隠者たちが多く出ることになった。しかし、維摩や文殊、さては阿羅漢のどのひとりにも匹敵し得るほどの中国の聖者、哲人は、歴史に記されていない。すぐれた人は、けっして奇跡、不思議、超自然論等を語らない（不語怪力乱神）、という儒教の言葉は、中国人心理を正しく言い表わしている。中国人は、徹底して実際的である。かれらは、〝悟り〟の教えをその日常生活に当てはめて解釈する独自の方法を持たねばならなかった。もっとも深い精神経験の表現として、かれらは、どうしても、禅を生み出さないわけにはいかなかったのである。

超自然論の比喩が中国人の地道な性格には訴えなかったとしたら、中国における〝悟り〟の支持者たちは、どのような方法で自己を表現しようとしただろうか。かれらは〝空の哲学〟（Śūnyatā philosophy）の知的方法をとったろうか。否、これもまた、かれらの好みに合わなかったし、それに、かれらの心的才幹のおよぶところでもなかった。「般若波羅蜜多」（Prajñāpāramitā）はインド人の創造したものであって、中国人が考え出したものではなかった。かれらは、荘子や六朝《りくちょう》の道教夢想家たちを生むことはできても、竜樹（Nāgārjuna）やシャンカーラ（Śankāra）は生めなかった。

中国人の特質は、別の方面に現わるべきものであった。かれらが、仏教を〝悟り〟の教えとして内に消化理解しはじめた時、その具体的かつ実際的な心に開かれた唯一の方向は、禅を生み出すことであった。インド大乗仏教の著者たちが展開した見事な驚くべき業績を目にし、また中観《ちゅうがん》派（Mādhyamika）の思想家たちの高度に抽象的な思弁に触れたあとで禅に到る時、これはまた、何と異なった光景であろう。仏陀の額《ひたい》から光が発することもなければ、従い侍する菩薩たちも現われない。実際、そこには、変っているとか、想像を絶するとか、あるいは理知を越えるとか、論理的推理の圏外だとかいう具合に、特にわれわれの感覚を打つものは何もない。そこで接するのは、みな、われわれと同じ普通の人間であって、抽象的観念や、弁証法的難題に直面することもない。山は天に向かって高くそびえ、河はみな海にそそぐ。草木は春に芽生え、花は紅《くれない》に咲く。月が冴《さ》えわたれば、詩人はほのかに酔ってとこしえの平和を歌う。何と単調な、何と平凡な、と人は言うかもしれない。だが、ここに中国人の魂があり、仏教はその中に育っていった。

仏とは何か、と僧が問えば、師は仏殿の仏の像を指す（訳註2）。何の説明もなければ、議論に誘うこともない。心が説法の主題であれば、「そもそも心とは何でしょうか」と僧がたずねる。「心」と師は答える。「師よ、わたしにはわかりません」といえば、師はすかさず、「わしにもわからない」という（訳註3）。また、ある時は、ひとりの僧が不死不滅の問題に心を労した。「どうしたら、生と死のきずなから逃れることができましょうか。」師は答えていう、「おまえはどこにいるのか」（訳註4）。概して、禅の体得者たちは、問いに答えるにけっして時間を浪費しないし、それに、かれらはまったく議論嫌いである。かれらの答えはいつも短く、決定的で、いなずまのような迅速さで問いにつづく。ある人がたずねた、「仏陀の根本の教えは何でしょうか。」師は答えた、「この扇子《せんす》はよく風を呼んで涼しいわい」（訳註5）。何と陳腐《ちんぷ》な返事ではないか。仏教不可欠の条文「四聖諦《ししょうたい》」は、明らかに、禅の教えの体系の中には入りこむ余地がない。また、ここでは、『般若経』の何とも不可解な言葉「心即非心是名心」（taccittam yaccittam acittam）がわれわれを驚かせることもない。

雲門は、ある時、壇上に登って言った。「この禅宗においては、言葉は一切必要でない。そこで、禅のぎりぎりの真髄は何か。」こう自分で問いを提起しておいて、かれは両腕を拡げた。そしてそれ以上は一言も言わずに壇を下りた（訳註6）。このように中国の仏教者は〝悟り〟の教えを受けとった。このようにかれらは、『楞伽経』（Laṅkāvatāra）の「自証聖智境界」（Pratyātmajñānagocara）を解釈した。そして、もし仏陀の内的経験を明示するとすれば、中国仏教徒にとっては、これがその唯一の方法であった。つまり、知力によらず、分析によらず、また超自然力にも頼らず、直接われわれの実際の生活の中に、それを明示するのである。これはすなわち、生命は、それを現実に生きるかぎり、概念をも、また比喩をも越えるものだからである。生命を理解するには、われわれは、その中に飛び込み、みずから生命に触れねばならぬ。その一部を拾い上げたり、切り取ったりして検査しようとすれば、生命を殺してしまう。われわれが生命の真髄に到ったと思う時には、もうそれはすでにない。それはもはや生きることをやめ、動かなくなり、すっかり枯渇してしまっている。このゆえに、菩提達摩が渡来して以来、中国人の心は、〝悟り〟の教えを、かれらの感じ方、考え方の法式にあうように裁断された自国の衣装に、どうしたら一番よく取り入れ得るかの問題と、取り組んできた。そして、かれらがこの問題を見事に解決して、その時以来、〝禅〟と呼ばれるようになった一派を築きあげる大事業をなし遂げたのは、慧能《えのう》以後のことであった。

中国の人々が仏教の教えを完全に理解した時、かれらの心が要求したのが、すなわち〝禅〟であったが、このことは、議論の余地のない二つの歴史的事実の証明するところである。第一に、禅が確立してのち、中国を風靡したのはこの教えであって、仏教の他の宗派は、浄土教を除いて、どれも存続し得なかった。第二に、仏教が禅という形をとる以前は、仏教は、中国固有の思想と密接な関係を持つことはできなかった。ここで中国固有の思想とは、儒教をいう。

まず、いかにして禅が、中国の精神生活を支配するようになったかをみてみよう。中国では、仏教の初期には、〝悟り〟の内的意義は知性の上でしか理解されなかった。この点においては、中国人の心はインド人にはおよばなかったのだから、これは当然のことであった。さきに述べたように、大乗哲学の大胆さと精妙さとは、中国の人々を随分とびっくりさせたに違いない。かれらは、仏教の渡来以前には、道徳の学のほかには思想体系と呼ぶに値するものを、事実上何も持っていなかった。ただし道徳の学においては、かれらは自分たちの力を自覚していた。義浄や玄奘《げんじょう》のような熱心な仏教徒でさえ、「法相《ほっそう》」心理学や、「華厳」形而上学への傾倒にもかかわらず、このことは認めていた。かれらは、道徳修養に関するかぎり、自分たちの母国は、その信仰の国にも勝っている、少なくとも、そこから学ぶべきものは何もない、と考えた。

大乗の経（sūtras）や論（shastras）が、中国、インド両国の、能力、学識、熱情を豊かに具えた学者たちによって、次から次へと翻訳されるにつれて、中国の人々の心は、それまであまり深く立ち入ってみなかった領域の探究へと導かれていった。中国仏教初期の伝記史をみると、われわれは、註釈者、解説者、哲学者の数が、翻訳者や、いわゆる〝禅《ディ》那《ヤーナ》〟（dhyāna, 禅定）の体得者よりもずっと多いことに気づく。最初仏教学者たちは、大乗文学の中に提示された種々の教義を知性の上で消化することに、ほとんどかかりきっていた。これらの教義は、深遠かつ複雑なばかりでなく、たがいに矛盾していた。少なくとも表面上はそのように見えた。仏教思想の深淵に分け入ろうとするならば、学者たちは、この紛糾を何とか処理しなければならなかった。もしかれらが充分に批判的であったならば、比較的容易にこれができたであろうが、初期の仏教者たちにそれを期待するのは、しょせん無理であった。なぜならば、この現代においてさえも、地方によっては、批判的仏教学者は、真に敬虔にして正統な仏教徒とは見做されないであろうからである。かれらはみな、大乗文献は仏陀の言ったことを、忠実に、言葉通りに記したものと信じて、その真実性を露ほども疑わなかった。そこでかれらは、もろもろの経典が説くたがいに異なった教理を、何とか調和させる方法を考え出さなければならなかったのである。これは、無知、腐敗、そして永遠の輪廻に運命づけられた世に仏陀が現われた、その真の目的を探り出すことを意味した。仏教学者たちのこのような努力が、特に「中国仏教」と明示さるべきものを発展させたのであった。

一方でこの知性上の消化理解がおこなわれたのと同時に、仏教の実際面の研究もまた熱心に進められた。ある者たちは「律」（Vinaya）の文献を学び、またある者たちは、「禅定」（dhyāna）の体得に専念した。しかし、ここでいう「禅定」は、禅仏教の禅定ではない。それは瞑想であって、無常、事物の無我性、因果律、または仏陀の属性等の観念に、おのれの思いを集中することであった。歴史家たちは、禅仏教の開祖、菩提達摩さえも、この種の禅定体得者に属するものと考えた。仏教のまったく斬新な一宗派の指導者としてのかれ独自の功績は、充分に評価されなかった。これは致し方のないことであった。中国の人々は、新しい形を受け入れる準備がまだすっかりできていなかったのである。なぜなら、かれらは〝悟り〟の教えの一切の意味を充分には把握し得なかったからである。

しかしながら、〝悟り〟の実際面における重要性が、錯綜する教義の迷路の中で、まったく見落されてしまった訳ではなかった。天台宗の開祖のひとり智顗《ちぎ》（五三八―五九七）

は、中国の偉大な仏教哲学者であったが、かれは、〝悟り〟に到る方法としての〝禅定〟の意義に充分に目覚めていた。その非凡な分析力にもかかわらず、かれの思弁は、なお禅定修行を入れる余地を持っていた。かれの著書『摩訶止観《まかしかん》』はこの点を明示している。智顗の意図したところは、知的な働きと精神的働きとを完全な調和の中に進めることであって、かれは〝三昧《さんまい》〟（samādhi, 定）または〝般若〟（prajñā, 智慧）のいずれか一方を不当に強調して、他を犠牲にしたりはしなかった。不幸にも、かれの門弟たちはだんだんと一方に偏し、ついに、知性のいとなみゆえに禅定の実践をなおざりにするにいたった。のちの禅仏教主唱者に敵対するかれらの態度はここから生まれたが、これについては、禅仏教者の側にもまた、ある程度の責任がある。

禅が中国の仏教になったのは、菩提達摩（五二八年没）の力による。この運動を始めたのはかれであったが、これは、生活の実際面の事柄に専念する国民の間に、大変効果のあることが明らかになった。かれがその主張を唱えた時には、なおそれはインド的色彩を帯びていた。かれは、当時の伝統的仏教形而上学とまったく無縁でいることはできなかったのである。かれが『金剛三昧経』（Vajra-samādhi）や『楞伽経』（Laṅkāvatāra）に言及したのは当然であったが、禅の種子は、かれの手によって蒔《ま》かれたのである。そして、これらの種子が土地と気候とに調和して成長するよう見届ける任が、かれのこの国の弟子たちにゆだねられた。禅の種子が実を結ぶのには、それからなお約二百年を要した。そして禅は、生命にあふれ、すっかりこの国のものとなり、しかも仏教を作り上げている真髄をそのままに保ちながら、豊かに結実していったのである。

菩提達摩から六代目の祖師慧能（六三七—七一三）が、中国の禅の実際上の開祖であった。すなわち、慧能およびその直弟子たちによって、禅ははじめてインドから借用した衣服を脱ぎ捨てて、みずからの手で裁断し、縫いあげたものを着用できるようになった。禅の精神は、もちろん、仏陀から脈々と受けつがれて中国に渡ったものと同じであったが、その表現の形は完全に中国的であった。つまりそれは、かれらがみずから創造したものであった。これからあとの禅の発展は目覚ましかった。帰化移植の間に貯えられ、潜在していた活力が、突然ほとばしり出て活動をはじめ、禅は中国の全土に勝利の行進を進めた。唐朝（六一八—九〇七）に中国の文化は隆盛の極に達したが、この間に偉大な禅僧が次々に出て、あるいは僧院を造り、あるいは雲水を育成し、また儒教の文典だけでなく、仏教の大乗の学にも通じた多くの在俗の弟子たちを教えた。皇帝たちも、禅の先覚者に敬意を表することにおいて、人後に落ちなかった。かれらは、このような高貴の人々の前で説法すべく、宮廷に招かれた。のちに、政治的理由のために仏教が迫害された時代には、多くの貴重な文献や芸術品が失われ、ある宗派はこのために衰退するに到ったが、その時にも、禅はいつも一番先に力を回復して、以前に倍するエネルギーと熱情とをもって活動を再開した。十世紀の前半、五代の頃、中国はふたたび小王国に分裂し、一般的政治状勢は宗教感情の興隆には不適当のようにみえたが、この間も、禅はそれまでと同様に栄え、禅匠たちは妨げを受けることなく、その修行の場を維持した。

宋朝（九六〇―一二七九）の勃興と共に、禅の発展と影響はその絶頂に達したが、他方、他の仏教宗派は急速な衰微のきざしを示した。歴史が元（一二七九―一三六七）および明（一三六八―一六四四）のページを開くと、仏教すなわち禅ということになった。「華厳」（Avataṁsaka）、「天台」（T'ien-tai）、「三論」（Sam-lun）、「倶舎《くしゃ》」（Abhidharma-kośa）、「法《ほっ》相《そう》」（Yogācāra）、「真言」（Mantra）等は、迫害の結果、絶滅しないまでも、新鮮な血液の欠如ゆえに、非常な痛手を蒙った。これらの宗派は、中国人の考えや感情に完全には同化しなかったので、おそらくどの道、滅亡するものだったのであろう。そこにはあまりにもインド的要素が多く、それが、これらの宗派が充分に中国の風土に同化するのを妨げたのであった。とにかく、禅は、仏陀の心の真髄として繁栄をつづけ、仏教に心を寄せるほどの中国の人々は禅の研究を取り上げた。そして、他の仏教宗派は、当時生産的活動の最後の段階にあったとはいえ、なお存続していたが、もはやかえりみられなかった。中国で今日なお、ある程度の活力を保っている仏教の唯一の形は禅である。ただしこれは、中国に仏教が紹介された直後から発達をはじめた浄土教的傾向に迎合して、多かれ少なかれ変形を遂げている。

中国の宗教史におけるこの事態には理由があることで、禅が、仏教思想とともにインドから入ってきた比喩や、概念や、思惟方式を斥けた理由がここにある。そして禅は、〝悟り〟の真理を解明するのにもっとも適した独自の文学を、みずからの自覚の中から生みだした。この文学は多くの点で独創的であったが、中国の人々の心的方向に完全に和合し、当然、かれらを根底から強く動かした。菩提達摩は弟子たちに、仏陀の教えの真髄を真直ぐに見究めよ、その外面的な表現様式に捉われてはならない、と教えた。かれは弟子たちが、〝悟り〟の教えの概念的、あるいは分析的解釈を追うことをいましめた。経典を文字通りに信奉する人々はこれに反対し、極力、達摩の教えの発展を妨げようとした。だがそれは、反対にもかかわらず発展をつづけた。

弟子たちは、仏教の核心的事実を把握する術《すべ》を体得した。これが成就すると、かれらはさらに、輸入的方法ともいうべき伝統的な表現方法には頼らずに、かれら自身の言葉でこれを表示しようとした。かれらは、ふるいものの言い方を全部破棄したわけではなかった。かれらも、「仏陀《ぶつだ》」（buddha）、「如来《にょらい》」（tathāgata）、「涅槃《ねはん》」（nirvāṇa）、「菩提《ぼだい》」（bodhi）、「三身《さんじん》」（trikāya）、「業《ごう》」（karma）、「輪廻《りんね》」、「解脱《げだつ》」その他、仏教の骨格を作り上げている多くの概念に言及している。だが、「十二因縁」、「四聖諦」および「八正道《はっしょうどう》」には、全然ふれていない。禅と仏教との関係を聞くことなしに禅文学を読むならば、われわれは、その中に、特に仏教的であると一般に考えられているような事柄を、ほとんど認め得ないであろう。薬山《やくさん》（七五一—八三四）は僧を引見して問うた、「お前はどこからきたのか。」答え、「湖南から参りました。」問い、「湖の水はあふれていたか。」答え、「いいえ、まだあふれていませんでした。」師は言った、「おかしなことだ。こんなに雨が降ったのに、どうしてあふれないのだろう。」僧はこの最後の問いに満足な答えができなかった。すると薬山の弟子のひとり、雲巌《うんがん》が言った、「あふれていますとも、本当に。」またもうひとりの弟子洞山《とうさん》は叫んだ、「いずれの劫《こう》にか、それがあふれなかったことがありましょうか」(訳註7)。これらの問答の中に、何か仏教の跡を見つけ出すことができるだろうか。かれらは、まるでまったく平凡な出来事について話しているように見えるではないか。しかし、禅匠たちに言わせると、かれらの話は禅で満ちあふれている。そして禅文学は、本当に、このような一見平凡な些事でいっぱいである。事実、その言葉づかいや表示の方法に関するかぎり、禅は仏教と何の関係もないように見える。そしてこの章の初めに触れたように、ある批評家たちが、禅は仏教の中国における変形亜流であると評するのも、当然だとさえ思われる。

中国文学史において、〝語録〟と呼ばれる禅の書物が独自の一部門をなしているが、唐朝および宋朝初期の中国俗語が保持されたのは、これらの語録による。中国の文士たちは、古典の文体以外でものを書くことを軽蔑し、作品の優雅さを高めるような言葉や語句や表現の選択に慎重を期した。だから、中国文化初期の文学は、すべてこのような洗練された文体の見本である。禅匠たちは、必ずしも古典文体を嫌ったわけではなく、かれらもその時代の人々に劣らず、高い文学に親しんだ。かれらもまた、充分な教育、学識を具えていたのである。しかしかれらは、その内的経験を言い表わすには、俗語がより力強く、より よい方法であることに気づいた。これは、たいていの精神改革者の場合に当てはまる。かれらは、その感情にもっとも親しく、かつ、かれら独自のものの見方にもっとも適した方法によって、自己を表現しようとする。使いならされ、ふるい意味あいをたくさん持った専門語を使うことをかれらは極力避ける。ふるい意味あいは生きた目的を持たず、したがって生き生きとした効果に欠けるきらいがあるからである。生きた体験を語るのは、生きた言葉でなければならない。使いふるした比喩や概念によってはならない。だから禅匠たちは、せずにはいられなかったことをしたわけで、かれらは当時の生きた言葉や語句を存分に活用した。これは、次のことを証明していると思う。すなわち、中国において仏教は、禅を通して、外国からの輸入品であることをやめ、この国の心の独自の創造物に変形した。

そして禅は、この国自体の産物に変り得たがゆえに、仏教の諸宗派の中でただひとり生きのびた。言葉を換えていうならば、中国の人々の心が〝悟り〟の仏教教理を受け入れ、理解し、消化しえた唯一の形が禅であった、と。

これで禅は、その一見、粗野で奇異な外観にもかかわらず、仏教の一般体系に属するものであると、結論を下してもよいであろう。そして、仏教という時われわれの意味するのは、初期の『阿含経』（Āgamas）に記された仏陀自身の教えだけでなく、仏陀の人と生涯とに関する後世の哲学的、宗教的思索のすべてをいうのである。かれが人間的にあまりにも偉大であったので、それがために弟子たちは、時には、師が与えたであろう指示とは、多少異なった方向に理論を押し進めることもあった。これは避けがたいことであった。さまざまな内容を持ったこの世界は、全体としてもまた個々として見ても、われわれの主観的解釈によって支配されるが、この主観的解釈なるものは、われわれの内的必然性、つまり、われわれの宗教的思慕から生まれるのであって、けっして気まぐれなものではない。われわれの宗教体験の対象としての仏陀も、また例外ではあり得なかった。かれの人格は、今日仏教の名のもとに考えられるあらゆる感情や思いを、われわれの中に目覚めさせるものに作り上げられた。かれが掲げた思想の中で、もっとも意義深く、実り豊かなものは

〝悟り〟と〝涅槃〟に関するものである。かれの七十九年のながい平和な生涯の中で、この二つの事実は鮮明に際《きわ》だっている。仏陀に結びついているさまざまな理論や信仰は、すべてこの二つの事実をわれわれ自身の宗教体験に照して理解しようとする試みである。こうして仏教は、学者たちが普通考えるよりも、ずっと広い意味を持つようになった。

仏陀の〝悟り〟と〝涅槃〟とは、幾世紀もの昔、歴史に展開されたかれの生涯における二つの別個な観念であるが、宗教的見地からは、これらは一つの観念と見るべきである。換言すれば、〝悟り〟の意味と価値とを理解することは、〝涅槃〟の意義に目覚めることである。この立場に立って、大乗仏教者たちは、二つの思想の流れを発展させた。一つは、われわれの知的な努力に訴え、知性におよぶかぎりの探究を進める行き方であり、他の一つは、仏陀自身が、そしてまた実に、インドの求道者のすべてが行なった実践の法を踏襲して、禅定の修行の中に〝悟り〟に直結するものを見出そうとする行き方であった。どちらの努力の場合にも、敬虔な仏教者の宗教意識の奥深くに、原初の衝動が横たわっているのは言うまでもないことである。

仏陀の没後二、三世紀の間に編纂された大乗経典に、ここに提示した意見が立証されている。この中で、特に禅宗の教えの普及のために作られたのが、『楞伽経《りょうが》』(Laṅkāvatāra)であるが、〝悟り〟の内容がこの経の中で、言葉の許すかぎり、心理学的、哲学的、および実際的諸見地から説かれている。これが中国に紹介されて、中国人の考え方、感じ方にしたがって完全に消化された時、経の主題は、今日われわれがまことに禅的だと思う方法で表示されることになった。真理に到る道はあまたあり、それによって真理は人の心に自己を伝える。だが、真理は働く時には一定の制約に従い、またそれに従って選択をおこなう。インド人の想像力の過剰は超自然論となり、また見事な象徴となった。そして中国人の実用性の意識、および日常生活の具体的事実を好む心は、禅仏教を生む結果となった。これでわれわれは、禅匠たちが提示した次のような禅の諸定義を理解することができよう。ただし大部分の読者にとっては、その理解は目下のところ、仮のものにとどまるかもしれない。

禅とは何かと聞かれて、趙州《じょうしゅう》は答えて言った、「今日は曇っているから答えない」(訳註8)。

同じ問いに雲門の答えは、「それだ」であった(訳註9)。また別の折には、師は全然肯定的でなかった。かれは言った、「言うべき言葉は一語もない」(訳註10)。

これが、禅匠たちが禅に下した定義のいくつかであるが、経典が説く〝悟り〟の教えを主張するものとしての禅を、かれらはどのような関係において考えたのだろうか。『楞伽経』風に考えたのか、それとも『般若経』的にか。否、禅は、独自の行き方を持たねばならなかった。中国人の心は、インド的な型に盲従することを拒んだ。さらに論駁したいならば、次の文を読んでほしい。

ある僧が、巴陵《はりょう》山に住した鑒《かん》和尚に問うた、「祖師の教えと、経典の説くところとの間に、何らかの差異がありましょうか、それともないでしょうか。」師は答えた、「寒さがくれば、鳥は木々の中に飛び去るが、野鴨は水の中にもぐる。」五祖山の法演はこれを評して言った、「巴陵の大和尚は、真理の半分しか言わなかった。わしならばそうはいうまい。わしの答えはこうだ、『水を掬《きく》すれば月手に在《あ》り、花を弄《ろう》すれば香り衣に満つ』」（訳註11）。

第五章　禅指導の実際的方法

自分の所存では、禅は一切の哲学および宗教の究極するところである。すべての知的努力は、もしそれが何か実際上の効果をもたらすものであるとするならば、ついには禅に到らねばならぬ。否、むしろ禅から出発せねばならぬ。一切の宗教的信仰もまた、もしそれが、いやしくもわれわれの実際生活において、有効に、かつ生き生きと働き得るものであることを立証しようというのなら、禅から生まれ出でねばならぬ。だから禅は、必ずしも仏教徒の思想と生活の源泉であるにとどまらない。それはキリスト教の中にも、回教の中にも、道教の中にも、そしてまた実証主義的な儒教の中にさえも、多分に生きている。これらの宗教や哲学がみな、活力に満ち、精気にあふれて、その有用性と効力とを保持しているのは、その中に〝禅の要素〟とでも呼ぶべきものが存在するからである。単なる学者気風や聖職者気質は、けっして生きた信仰を生み出さない。宗教は、何か、内に向かって突き進むもの、力をふるいたたせるもの、働きをなし得る力あるものを必要とする。知性は、そのあるべき場においては有用であるが、それが宗教の全域を支配しようとする時には、生命の源を枯渇させてしまう。感情、あるいは単なる信心はまことに盲目で、手当り次第に何でもつかみとって、それを究極の真実として固執する。狂信は、その爆発性に関するかぎり、はなはだ活力にあふれているが、これは真の宗教ではない。事実、そのもたらす結果は、それみずからの運命はいうまでもなく、全体系の破壊となる。禅は、宗教感情を正しい道にみちびくものであり、知性に生命を与えるものである。

禅は、人に新しい物の見方、すなわち、人生と世界の真理と美とを感得する新しい方法を教えることによって、意識の奥底に新たな活力の源を見出すことによって、そしてまた、人に完全と充足の感を与えることによって、これを行なうのである。言いかえると、禅は人間の内的生命の全組織を解体精査して、これまでまったく夢想だにしなかった世界を開くことにより、これらの奇蹟を行なうのである。これを〃復活〃と呼んでもよいかもしれない。禅はまた、疑う余地もなく、その精神革命の全過程を通して、何ものにもまして思弁的要素に反対してきた。それにもかかわらず、禅はその思弁的要素を強調する傾向がある。そしてこの点において、禅はまさしく仏教的である。あるいはこれは、次のように言った方がよいかもしれない。すなわち、禅は思弁哲学の領域に属する言葉づかいを用いる、と。たしかに禅においては、浄土門の場合のような感情の要素は、あまり顕著ではない。浄土門では、「信」(bhakti)がすべてであるが、禅ではこれに反して、「見」(darśana)、もしくは「知」(vidyā)の働きが強調される。ただしこれは論理的思考、論証の意味ではなく、直観的把握をいう。

禅の哲学のいうところによると、われわれはあまりにも因襲的な考え方、すなわち、徹頭徹尾二元的な考え方のとりこになっている。「融通」ということはまったく許されず、われわれの日常の論理では、対立者の融合はけっして行なわれない。神に属するものはこの世のものではなく、この世のものは神のものとは相容れない。黒は白ではなく、白は黒ではない。虎は虎であり、猫は猫であって、両者はけっして一ではない。水は流れ、山はそびえる。これが、分別と三段論法のこの世における、事物および観念のありさまである。ところが禅は、この思想の仕組みをひっくり返して、新しいものと取り代える。そこには論理もなければ、観念の二元論的配列もない。われわれが二元論を信ずるのは、主として伝統的な訓練による。観念が本当に事実と一致するかどうかは、格別の調査を要する別の問題である。通常われわれは、問題を深く詮索せず、心にしみこんだままに受け容れる。なぜならば、受け容れるということは大変便利で、実際に役立ち、人生はこれによって、本質的にではないまでも、ある程度容易になる。われわれは生来保守的である。これはわれわれが怠惰だからではなくて、たとえ表面的にでも、憩《いこ》いと平和を好むからである。だがやがて、伝統的論理がもはや当てはまらなくなる時がくる。われわれは矛盾と分裂を感じはじめ、そしてその結果は精神的苦悶となる。伝統的な思惟方法に盲従していた時に経験した、あの信じきった憩いは失われる。エックハルトはいう。「われわれはみな、意識的にであろうと無意識的にであろうと、憩いを求めている。それはちょうど石が大地に触れるまでは動くことをやめることができないのと同じである」と。論理のふくむ矛盾に気づく以前に、われわれが享受していると思った憩いは、明らかに本当のものではなかった。石は大地に向かって動き続けていたのであった。では、魂が本当に、心から、平穏の中に安らぐことのできる非二元（不二）の大地はどこにあるのか。ふたたびエックハルトを引こう。「心単純な人々は、あたかも神は彼方《かなた》にましまし、われわれは此方《こなた》にいるのだと考える。そうではない。神とわたしとは、わたしが神を覚知する行為において一つである。」この事物の〝絶対的一〟に禅はその哲学の基礎を据える。

絶対的一の思想は、ひとり禅だけのものではない。ほかの宗教や哲学にも同じ考え方を説くものがある。もしも禅が、他の一元論や有神教のように、単にこの原理をすえるだけで、そのほかに特に禅として知らるべきものをもたなかったならば、それはずっと昔に、禅として存在することをやめていたであろう。だが、禅には独特無比の何ものかがあって、それが禅の生命を支え、その主張通り、それを東洋文化の伝統的至宝たらしめている。次の「問答」すなわち対話が、禅の行き方をのぞかせてくれよう。

趙州は中国におけるもっとも偉大な禅僧の一人である。ひとりの僧がかれに問うた（訳註1）、「真理の究極の一語は何でしょうか。」特別な回答を与える代りに、かれは、「うん」とただ返事した。僧は、もっともなことながら、このような返答には何の意味も見出しえなかったので、ふたたび尋ねた。すると師は怒鳴り返した、「わしは聾《つんぼ》ではない。*」絶対的一、あるいは究極の理という重大この上ない問題が、ここでは何と見当違いな（そう言ってよかろう）扱いをされていることか。だが、これが禅の特徴である。ここが、禅が論理を越え、観念の専横と誤述を斥けるところである。さきにも言ったように、禅は知性を信用せず、伝統的、二元的な推理の方法に頼らず、独自の行き方で問題をあつかうのである。

＊　また別な折に、〃第一句〃について尋ねられた時、趙州は咳《せき》をした。僧は言った、「これがそれではありませんか。」「やれやれ、老人が咳をすることも許されない。」――すぐさま老僧からこの答えが返ってきた。趙州は、さらに他の機会にも、一句について述べている。ひとりの僧が、「一句とは何でしょうか」と問うた。「何を言うか」と師は詰問した。「一句とは何でしょうか。」――問いをくりかえすと、師は裁決を下した、「おまえはそれを二にする」（訳註2）。

首山はある時、問いを受けた。「『一句があって、これを解する時には無量劫の罪業が消滅する』と一老僧が申します。この一句とは何ですか。」首山は答えた、「おまえのその鼻の下。」「その究極の意味は何ですか。」「わしの言えるのはこれだけだ。」――これが師の結論であった。（訳註3）

本論を進める前に、もう一つ例を挙げてみよう。同じ老趙州は、別な折に、次のような問いを受けた（訳註4）。「一条の光線が、幾百、幾千もの光線に分れます。この一条の光線はどこから生ずるのかお教えください。*」この問いも、前に挙げたものと同様に、もっとも深くかつ難解な哲学の問題である。しかし老僧は、その問いに答えるに、多くの時間を費さなかった。また饒舌の議論にも訴えなかった。かれは、一言も言わずに、ただ靴を片方脱ぎ捨てた。これは何のつもりなのか。このすべてを理解するには、われわれは、かれらのいう「第三の眼」を開いて、物事を新しい見地から見ることを学ばねばならぬ。

＊　この同じ問題について、多くの問答がある。もっともよく知られているのは、すでに引用した趙州のものである。ほかのいくつかをあげてみよう。僧が利山に問うた。「万物は空に帰すると言います。しかし空はどこに帰するのでしょうか。」利山は答えた、「おまえにそれを説くには、舌が短過ぎる。」「どうして短過ぎるのですか。」「内も外も、ただ一如《いちによ》だ」と師は言った（訳註5）。

ひとりの僧が谿山に問うた、「諸縁が解消する時、すべては空に帰します。だが、空はどこに帰しましょうか。」師は僧の名を呼んだ。僧は「はい」と答えた。すると師は、かれの注意を促して言った、「空はどこにあるか。」僧は言った、「師よ、どうぞお教えください。」谿山は答えて言った、「それは、ペルシャ人が胡椒《こしょう》を口にするようなものだ」（訳註6）。

一条の光は、その起源が論点であるかぎりでは、原因論的問題である。しかし、ここに挙げた問いでは、解決を要する主題は空の究極的帰結であるから、それは目的論的問題である。ところで、禅は時間と歴史とを越えるゆえに、それが認めるのは、はじめもなく、終りもない生成の過程のみである。一条の光の源を知る時、われわれは、空がいずれに終るかをも知ることができる。

では、禅匠たちは、この新しい物の見方をどのように示しているだろうか。かれらの方法は、いきおい非一般的・非常套的・非論理的であり、したがって当然、はじめての者にとっては不可解である。この章の目的は、それらの方法を次の一般的標題の下に分類して述べることにある。

一、口頭による方法。

二、直接的方法。

第一の方法は、さらに次のように分けることができよう。1、逆説。2、反対の超越。3、矛盾。4、肯定。5、反復。6、叫び。

一　口頭による方法

1　逆説

周知のとおり、神秘主義者はみな、みずからの見解を説くのに逆説を好む。たとえば、キリスト教神秘主義者は次のように言うであろう。「神は実在である。しかもかれは無であり、無限の空である。かれは全存在であるとともに非存在である。神の国は実在であり、客観的存在である。同時にそれは、わたし自身の中にある――わたしみずからが天国であり、地獄である。」エックハルトの「聖なる暗黒」や、「不動の動者」も同様の例である。神秘文学から気の向くままにこのような言葉を拾いだし、それで一冊、神秘主義非合理の本を編纂することもできるほどである。

禅も、この点で例外ではない。しかし禅の真理を表現する方法の中には、特に禅的であると呼び得る何ものかがある。それは主として、表現の具体性と活気とにある。禅は通常、抽象に耳をかすことを拒《こば》む。傅大士《ふだいじ》は言う（訳註7）。

空手にして鋤頭《じょとう》を把《と》り、（空手把鋤頭）
歩行して水牛に騎《の》る。（歩行騎水牛）

人、橋上より過ぐれば、（人従橋上過）

橋は流れて水は流れず。（橋流水不流）

これは、まったく道理に合わぬものに聞える。しかし、事実、禅はこのような歴然たる非合理でいっぱいである。「花紅《くれない》にあらず、柳緑《みどり》にあらず。」——これも禅のもっともよく知られた言葉の一つであるが、「柳は緑、花は紅」という肯定と、同じものと考えられている。これを論理的な方式に書き直せば、「AはAであって、同時に非Aである（A is at once A and not-A.）」となろう。そうなると、われはわれであって、しかも、なんじがわれである。あるインドの哲学者は、“Tat twam asi” ——「なんじはそれなり（Thou art it.）」——と主張する。それでは、天国が地獄であり、神が悪魔だということになる。敬虔な正統派のキリスト教徒にとって、この禅とは、何ととんでもない教えであろう。張公が酒を飲めば、李公が酩酊する。「黙、雷の如し」の維摩《ゆいま》は、同胞がみな病気だから、自分もまた病むのだと言った。すべての賢明にして愛情豊かな人々は、宇宙の「大逆説」の権化であると言わねばならぬ。

話は横道にそれてしまったが、自分が言いたいのは、禅はその逆説において、他のどの神秘的な教えにもまして、大胆なまでに具体的である、ということである。他の神秘主義では、それは大体、生命とか、神とか、世界とかに関する一般的叙述にかぎられている。

ところが禅は、逆説的主張を、われわれの日常生活の隅々にまで持ち込む。禅は、われわれにもっともなじみぶかい経験の事実を、すべて、にべもなく否定して、いささかも躊躇しない。「わたしはここに筆を進める。しかもわたしは一字をも書いていない。あなたは、多分いま、これを読んでいる。しかも読む者は、世界に一人もいない。わたしはまったくの盲《めしい》で、かつまた聾《つんぼ》である。だがわたしは、一切の色を認め、一切の音を聞く。」このように禅僧は、どこまでも続けるであろう。九世紀の朝鮮の僧芭蕉《ばしょう》は、ある時有名な説法をして言った、「もしおまえたちが拄杖《しゅじょう》を持っているならば、わしはおまえたちに拄杖を与えよう。もし持っていなければ、わしはおまえたちからそれを取りあげる」（訳註8）。

趙州は、前にもたびたび述べた大禅匠である。極貧の者がきたる時、何を与えるかと問われて（訳註9）、かれは答えて言った、「かれに何が欠けているのか。*」また別の折に、かれは次の問いを受けた。「一物をも持たぬ者がきたる時、かれに何と言われますか。」すかさずかれは答えた、「放下《ほうげ》せよ」（訳註10）。われわれはかれに問うかもしれない。「一物をも持たぬ時、一体何を捨てるのですか。人が貧なる時、かれはおのれに満ち足りていると言い得るでしょうか。かれはあらゆるものを必要とするのではありませんか」と。

＊　また、ある時には、僧の得た答えは、「おまえの貧を固守するがよい」であった（訳註9）。南院慧顒《なんいんえぐう》が貧に悩む僧に与えた答えは、もっと心安まるものであった。すなわち、「おまえはみずから手に一

杯の宝石を持っている」(訳註11)。

貧の問題は、われわれの宗教経験においてきわめて重大な問題である――物質的な貧だけでなく、精神的な意味での貧をもいう。禁欲主義は、単に人類の欲望や熱情を抑制することよりも、もっとずっと深い意義を、その根本原理として持っているはずである。そこには、積極的な、そして高度に宗教的な何ものかがなければならない。「心の貧しさ」は、それがキリスト教でどんな意味を持っていようとも、仏教徒、殊に禅仏教徒にとって、意味深い言葉である。僧清税《せいぜい》が、中国曹洞宗の大禅匠曹山《そうざん》のもとにきて言った、「わたしは、貧しい、孤独な僧であります。どうぞお憐みください。」「僧よ、前へ出でよ。」そこで僧は師に近寄った。すると師は叫んだ、「おまえは、青原白家の美酒を三盞《さんさん》も傾けながら、なおその唇は少しも潤っていないというのか」(訳註12)。

たとえ趙州の答えの中にどんな深い意味があろうとも、このような逆説はまったく意味をなさず、論理的に訓練されたわれわれの知性は途方にくれてしまう。「農夫の牛を連れ去り、飢えたる者の糧を奪い去れ(駆耕夫牛、奪飢人食)。」これは禅匠たちが好んで使う言葉である。このようにしてこそ、われわれは精神の畠をもっともよく耕すことができ、物の実体に飢えている心を満たすことができる、とかれらは考える。

次のような話がある。大窪詩仏《おおくぼしぶつ》は竹を描くことで有名であったが、ある時、竹林を描いた掛物の作製を依頼された。かれはおのれの知るかぎりの技を尽して描き上げたが、絵の中の竹林は、赤一色であった。依頼主は、これを受けとって、その技の見事さに驚嘆した。かれは芸術家の家に行って言った、「先生、わたしは絵のお礼に参りました。しかし失礼ながら、あなたは竹を赤く描かれました。」「左様。」画伯は言った、「あなたは何色をお望みなのですか。」「もちろん黒です」と依頼主は答えた。「ところで、一体、誰が黒い葉の竹を見たことがあるのですか。」これが芸術家の答えであった。人が一定の物の見方に慣れ切ってしまうと、方向転換をして新しい行き方を始めることは、この上なくむずかしくなる。竹の本当の色は、きっと赤でもなく、黒でもなく、緑でもなく、そのほかわれわれが知っているどんな色でもないのであろう。おそらくそれは、赤であろう。また黒かもしれない。誰が知ろうか。逆説だと思われるものは、結局、本当は逆説でないのかもしれない。

2　反対の超越

禅がおのれを表現する次の形に、反対の否定がある。これは、神秘主義の "Via negativa"（否定道）にある程度当てはまる。禅匠たちが言うように、要点は四句門（catushkotika）のいずれをもってしても、「把捉」し得ないものである。四句とは、(1)「それはAである」、(2)「それは非Aである」、(3)「それはAであり、また非Aである」、および(4)「それはAでもなく、また非Aでもない」の四つである。肯定、あるいは否定する時、われわれはインド的推理方法にしたがって、必ずこれらの論理方式のいずれか一つをとっている。知性が、一般に習慣化した二元性の間を動くものであるかぎり、これは避けがたいことである。論理の必然性からして、およそわれわれのなす声明は、すべて表現を持たねばならぬ。しかし真理は、それが肯定も否定もされない時に到り得るものであると、禅は考える。これはまさに人生のジレンマである。だが禅匠たちは、このジレンマを脱せよと促してやまない。かれらは解き放たれて自由なのだろうか。以下にそれをみてみよう。

雲門は言う、「禅には絶対の自由がある。それは、時に否定し、時に肯定する。いずれをも意のままに行なう。」ひとりの僧が問うた、「それはどのように否定しますか。」「冬が過ぎれば春がくる。」「春がくればどうですか。」「東また西、北また南、杖を肩に野をさまよい、心ゆくまで古木の根を打つだけだ」(訳註13)。これが、中国の大禅匠のひとりが示した自由への道の一つであった。

香厳《きょうげん》は、さきに述べた潙山《いさん》の弟子であるが、ある時の説法に言った、「それは、高さ一千尺の断崖の上にいる人のようなものである。かれは木の一本の枝を歯で咬えてぶら下っている。足は遠く大地を離れ、手は何もつかんでいない。ここにもうひとりの男がやってきて、『初祖達摩大師が西方インドからこの中国にやってきたその意味は何か』と問うたとする。もしこの男が答えようとして口を開けば、落ちて生命を失うこと必定である。だがもし答えないならば、かれは質問者を無視したと言わねばならぬ。この危機に臨んで、かれはどうすべきか」(訳註14)。これは、実にまざまざと、写実的に、反対の否定を打ち出している。断崖の上の人は、生と死のジレンマに落ち込んでいる。そこでは、論理による逃げ口上は通用しない。猫が禅の祭壇の犠牲にあげられることもあろう。鏡が大地に打ち砕かれることもあろう。だが、われみずからの生命はどうなのか。仏陀はその前生において、人間をむさぼり食う鬼の口に、われとわが身を投げて、もって真理の歌を終りまで聞きとろうとしたと言う。実際的な禅は、われわれにもそれと同じ高潔な決断をうながす。すなわち、〝悟り〟と永遠の安らぎのために、二元の生を捨てよ、という。この決断に到る時、はじめて禅の門は開かれるであろう、と禅は言う。

3 矛盾

次は、自分が「矛盾」と呼ぶ第三の部類である。これは、禅匠が自分で言ったこと、もしくは他の禅僧が言ったことを、暗に、あるいははっきりと、否定することを指す。同じ一つの問いに対して、かれの答えはある時は「否」であり、またある時は「然《しか》り」である。あるいはまた、かれは、周知のゆるがぬ事実をにべもなく否定する。通常の見地からすれば、かれはまったく信をおきがたい。しかもかれは、禅の真理にはこのような矛盾や否定が必要だと考えているらしい。というのは、禅はそれ独自の基準をもっていて、それは、常識的な心には、まるで、われわれが確かに真理である、事実である、と思っているものをすべて否定することのようにみえるからである。しかしこのような表面上の混乱にもかかわらず、禅の哲学は透徹した原理に導かれている。ひとたび理解に到る時には、その転倒混乱は明白この上ない真理となる。

ある僧が、中国の禅宗第六祖に問うた。ちなみに六祖は、七世紀終りから八世紀のはじめにかけて活躍した禅匠である。「誰が黄梅の秘法を得ましたか。」黄梅は五祖弘忍《ぐにん》が住した山の名である。六祖慧能《えのう》はかれのもとで禅を学び、正統の法系を継いだことは周知の事実である。だからこれは、事件の消息をたずねる普通の平易な問いではない。そこには、はっきりと言外の目標がある。六祖は答えて言った。

「仏法を解する者が、黄梅の秘法を得た。」

「それでは、あなたはそれを得られたのですか。」

「いや、得ていない。」

「あなたがそれを得ておられぬとは、これはどういうことですか」と僧は問うた。

「わしは仏法を解さない。*」

＊　六祖の法孫、石頭希遷《せきとうきせん》にも、これと同じような話がある。それはどこか他のところに引用した。

これが六祖の答えであった（訳註15）。

かれは、本当に仏法を理解しなかったのか。それとも、理解しないことが、理解することなのか。これもまた『ケナ・ウパニシャド』（Kena-Upanishad）の哲学である。

この矛盾、否定、あるいは逆説的表現は、禅の人生観の必然の結果である。禅はその重点を、われわれの意識の奥深くに隠されている内なる真理を、直観的に把握することにおく。そしてこうして自己の中に開かれた、あるいは目覚めたこの真理は、知的操作を拒否する。少なくも、これを弁証法的形式で他に伝えることはできない。それは自己の中から出で来たり、自己の中に育ち、自己の存在と一つにならねばならぬ。他のもの――すなわち思想や表象――がなし得ることは、真理がどこにあるかを指し示すことである。禅匠たちがなすのは、まさにこれである。そしてかれらが与える指示は、いきおい因習に捉われることなく自由で、かつ生き生きと独創的である。かれらの眼はいつも究極の真理そのものを離れない。だから、かれらは論理的条件や帰結には頓着なく、駆使し得るほどのものはすべてその目的達成のために活用する。かれらは、時に、ことさらにこの論理への無関心を主張して、禅は知性とは無関係なことをわれわれに知らせようとする。『般若経』（Prajñā-pāramitā Sūtra）の次の言葉はここからくる。「論ずべき〃法《ダルマ》〃（dharma）は何もない――これが〝法〟を論ずることである。」

唐朝の大臣、裴休《はいきゅう》は、黄檗《おうばく》下の熱心な禅学究であった。ある日、かれは黄檗に、自分の禅の見処《けんじょ》をしたためた書き物を見せた。師はそれを受けとって傍らにおき、読もうとはせずにしばらく黙っていた。それからかれは、「わかるか」と問うた。「どうもわかりません」と大臣は答えた。師は言った、「もしあなたがここで一見処を有するならば、そこには禅の何かがある。しかし紙に墨でしたためたのでは、どこにもわれらの宗教は見当たらない」(訳註16)。

禅は生きた事実である。だからそれは、生きた事実が扱われるところにのみ存する。知性への訴えは、それが生命から真直ぐに出てくるかぎりにおいてのみ、真実であり、生きたものとなる。そうでない時には、文字の上の業績や知的分析をどれ程重ねようとも、禅を学ぶ上の助けにはならない。

4　肯定

これまでのところでは、禅は、否定と矛盾の哲学以外の何ものでもないようにみえる。ところが事実は、禅は肯定の面も持っていて、禅の独自性はここにある。神秘主義においては、思弁的な形のものでも、情緒的な形のものでも、ほとんどの場合、その肯定は一般的であり、抽象的であって、そこには、哲学的言明のあるものと特に区別すべきものはあまりない。たとえば、ブレイクはうたう。

一粒の砂に世界を見、
一輪の野の花に天を見る。
汝《なんじ》の掌に無限を捉え、
一時《ひととき》の中に永遠を見よ。

また、ウィザーがうたう妙なる感情を聞くがよい。

泉のささやきにより、
いと小さい枝の葉ずれの音により、
日の神が眠りにつく時
開いた葉を閉じる雛菊により、
蔭なす木により、灌木により、
彼女はわたしに伝えることができる。
自然の一切の美が、
誰かほかの、もっと賢い人に伝え得るよりもっと多くのことを。

このような詩的な神秘の感情を理解するのは、それほどむずかしいことではない。われわれのすべてが、かれらとまったく同じに感ずることはできないかもしれないが、しかし感受性のすぐれて鋭敏な魂がうたったものを解することは、さして困難ではない。エックハルトは「わたしが神を見る眼は、神がわたしを見たもう眼と同じである」と言い、プロチヌスは「心が内省する時、そのみずから考える以前に考えるところのもの（すなわち禅にいう本来の面目）」を説くが、かれらがこのように言う時でさえ、その意味するところはわれわれの理解をまったく越えるとは思われない。すなわち、かれらがこのような神秘的な表現によって伝えようとしているその思想に関するかぎり、それを理解することは不可能ではない。けれども禅匠たちの言うことになると、それをどう受けとったらよいのか、われわれは完全に途方に暮れてしまう。かれらの肯定はまことに見当違いで、不適切で、不合理で、そして馬鹿げている——少なくとも表面上はそう見える——だから、禅のものの見方を会得していない者は、文字どおりその正体がつかみかねる。

本当のところは、立派に一人前の神秘家といえども、知的作用の弊から完全に解き放たれることはできないのである。かれらはたいてい、たどってゆけばその聖処に到り得る「痕跡」を留めている。プロチヌスの「孤（alone）から孤への飛翔」はすぐれた神秘表現で、かれがいかに深く、意識の内なる聖処にたずね入ったかを示すものである。けれどもそれはなお、思弁的、あるいは形而上学的な何かを残していて、これから引用する禅の言説と並べてみる時、禅匠たちがよく言うように、神秘くささを漂わせている。禅匠たちも、否定や、拒絶や、矛盾や、逆説をもっぱらにしている間は、まだ思弁のしみが完全に洗い落されたとはいえない。思弁もまた心の作用の一つである以上、もちろん禅はそれに反対はしない。しかし禅は、洋の東西を問わず、キリスト教、仏教を問わず、神秘主義の歴史においてまったく独一無比の道を歩んできた、と自分は思う。次の二、三の例が、自分の意とするところを解明してくれるだろう。

ひとりの僧が趙州に問うた、「経典によれば、万物は〃一〃に帰す、と言います。しかしその〃一〃はどこに帰するのでしょうか。」師は答えて言った、「わしは青州にいた時、衣を一枚作らせたが、その重さは七斤だった」(訳註17)。香林は、菩提達摩が西方から中国にきたその意は何か、とたずねられて、こう答えた、「長く坐った後では疲れを覚える」(訳註18)。問いと答えの間に、いかなる論理的関係があるのか。これは、伝説に言うように、達摩が九年間壁に向かって坐っていたことを指すのか。もしそうならば、かれのした伝道は、疲れを覚えただけの無益な骨折りだったのか。禾山《かさん》は、「仏とは何か」と問われて言った、「わしは太鼓の打ち方を知っている。ドドン・ドン、ドドン・ドン！」(訳註19)。馬祖道一《ばそどういっ》が病気の時、弟子のひとりが容態を見舞いに来た。「今日はいかがですか。」「日面仏！　月面仏！」(訳註20)。これが答えであった。この文字上の意味は、「太陽の顔をした仏、月の顔をした仏」ということである。ある僧が趙州にたずねた、「肉体が粉々に砕けて塵に帰する時、そこに一物が永久に留まる、このように私は聞いております。しかし、この一物はどこに留まるのでしょうか。」師は答えて言った、「今朝もまた風が強い」（訳註21）。首山は、仏教の根本的教えは何か、と問われて、次の詩を引用した。

「楚《そ》王城畔、汝水《じょすい》東に流る」（訳註22）。

「一切諸仏の師は誰か」とたずねられて、睦州《ぼくじゅう》はただ口で調子をとった。「タタン・タンタン、チチン・チンチン。」また禅とは何か、との問いに、同じ睦州の答えは「南無三宝《なむさんぼう》」であった。だが僧は、「わかりません」と言った。すると師は叫んだ、「何とあわれな蛙よ。おまえのこの悪業はどこからくるのか」（訳註23）。また別の折には、同じ問いが異なった答えを引き出した。「摩訶般若波羅蜜《まかはんにゃはらみつ》。」僧がこの句の究極の意味を理解できなかった時、師は続けて言った。

「幾年《いくとせ》も使い来て、わが衣いと古びぬ、

ほころびし衣のはしはゆるく垂れ、風に吹かれて雲に到りぬ」（訳註23）。

もう一つ睦州の例を引こう。ある時、僧がかれに問うた、「もろもろの仏、および祖師を越える教えは何ですか。」師はすかさず拄杖《しゅじょう》を取り上げて、会衆に向かって言った、「わしはこれを拄杖と呼ぶ。おまえたちは何と呼ぶか。」誰も答える者がなかった。すると師は、ふたたび拄杖を突き出して僧に言った、「おまえは、もろもろの仏、および祖師を越える教えについて問うたのではなかったか」（訳註23）。

南院慧顒《なんいんえぐう》は、ある時、仏とは何か、ときかれて言った、「仏でないものは何か。」またの折には、「わしはとんとかれを知らない」と答えた。またさらにある時の答えは、「仏が出てくるまで待つがよい。その時に教えよう」であった。南院の答えはこれまでのところでは、それほど不可解とは思えない。だがこれから述べることは、われわれのいとも鋭い知的分析に挑戦してくる。質問の僧は、師の三番目の言葉に応じて言った、「それでは、あなたには仏はありません。」師は即座に明言した、「おまえはそこにおいて正しい。」この言葉は、さらに次の問いを引き出した。「師よ、わたしはどこにおいて正しいのですか。」「今日は三十日だ」と師は答えた（訳註24）。

理知の黎明以後、人類のあらゆる知力にいどみ続けてきた深遠な哲学の諸問題を、禅がいかに自由に扱うかを示すには、おそらくこれで充分であろう。この項を終るにあたって、五祖法演が行なった典型的な説法を一つ紹介しよう（訳註25）。禅匠たちは時折——否、きわめてしばしば——二元的理解のレベルに下りて来て、そこから話をして、弟子たちを啓蒙しようとする。だが、禅匠の説法である以上、われわれは当然、そこに何か普通と違うものを期待する。五祖は、十二世紀のもっとも力ある禅匠のひとりであった。かれは、

『碧巌録』の著者として名高い圜悟《えんご》の師である。かれのある時の説法は次の通りであった。「昨日、ある問題が心に浮び、わしはそれを今日、弟子のおまえたちに伝えようと思った。だがわしのような老人は忘れやすい。その話はすっかり心から消えてしまった。どうしても思い出せない。」こう言って五祖はしばらく黙っていたが、ついに、「忘れた、忘れた。思い出せない」と叫んだ。だがかれは、また話し出した。「『聡明王経』という経典の中に呪文がある。忘れやすい者はこれを唱えるがよい。そうすれば、忘れたことが帰ってくる。さて、わしもやってみねばなるまい。」そしてかれは呪文を唱えた、「唵《オム》阿《オ》盧《ロ》勒《ロッ》継《ケイ》娑《ツ》婆《ワ》訶《カ》。」両手を打って、存分に笑って、かれは言った、「思い出した、思い出した。それはこうだった。おまえたちが仏をさがす時には、仏を見ることができない。祖師を求める時には、祖師を見ることができない。まくわうりは茎まで甘く、苦《にが》いひょうたんは根までも苦い。」

それ以上何も言わずに、かれは壇から下りた。

5　反復

エックハルトは、ある時の説話に、神と人との相互関係に言及して言った、「それはちょうど人が高い山の前に立って、『汝《なんじ》はそれにありや』と叫ぶようなものである。『汝はそれにありや』と山彦が返ってくる。かれが『出てこい』と叫べば、『出てこい』と山彦が答える。」これと同じようなことが、ここで「反復」と呼ぶ部類に入れた禅匠たちの答えの中に認められる。そのおうむのような反復の意味を看取することは、はじめての者にはむずかしいかもしれない。それは時には、師の側の模倣のように聞える。この場合、言葉それ自体は、実は、単なる音にすぎず、そのどこかに内的意味があるとすれば、それは山彦そのものの中に読み取らねばならない。しかしながら、理解は自己の内なる生命から出てこなければならない。山彦がするのは、熱心な真理の探究者に自己覚醒の機会を与えることである。心の調音がすっかり整って、新しい調べをはじめる用意ができた時、師がねじを廻すと、心はおのれみずからの曲をうたいだす。これは他の誰から習ったものでもなく、心みずからの中に見つけ出されたものである。

投子大同《とうすだいどう》は九一四年に没した唐朝の禅匠である。「仏とは何か」と問われて、かれは「仏」と答えた。問いが「道（tao）とは何か」という時には、「道」と言った。「法《ダルマ》（dharma）とは何か」という問いには、「法」と答えた（訳註26）。

禅匠たちにとって、言語は、かれらの内なる霊性経験から直接に出てくる一種の叫び、あるいは歎声である。その意味はわれわれ自身の中に、すなわち同じ経験に目覚めたわれわれわれの心の中にこそ見出さるべきであって、表現自体の中にそれを求めてはならない。われわれが禅匠の言葉を理解する時には、それはわれわれ自身の理解であって、言葉の理解ではない。言葉は思想を反映するけれども、経験した感情そのものを伝えることはできない。そこで、まだ禅の体験を持たぬ者に禅を理解させることは不可能である。それはちょうど、まだ蜜を口にしたことのない者にその甘《あま》さを知らせることができないのと同じである。このような人にとっては、「甘い」蜜は、永久にまったく感覚を伴わない観念にとどまるであろう。すなわち、かれらにとっては、その言葉は何も生命を持たないということである。

法眼文益《ほうげんぶんえき》は、十世紀のはじめに活躍した法眼宗の開祖である。かれは弟子のひとりにたずねた、「差異は一寸の十分の一にすぎずとも、それは天と地ほどにもかけ離れるという。おまえはこれをどう理解するか。」弟子は言った、「差異は一寸の十分の一にすぎずとも、それは天と地ほどにもかけ離れましょう。」だが法眼は、そんなことでは駄目だと言った。「わたしにはこれよりほかできません。あなたはどう理解されますか」と弟子は言った。師はただちに答えた、「差異は一寸の十分の一にすぎずとも、それは天と地ほどにもかけ離れよう」（訳註27）。

法眼は非常によく反復の法を用いた禅匠であった。もう一つ、おもしろい例がある。徳《とく》韶《しょう》（九〇七―九七一）は、禅の究極の真理を知ろうとして、五十四名の禅匠の下で学んだのち、ついに法眼のところにきた。しかしかれは、禅を体得するために特別な努力をすることには疲れてしまって、ただそこの僧たちの仲間に入っていた。ある日、師が壇に上った時、ひとりの僧が問うた、「曹渓《そうけい》*の源からしたたり落ちる一滴の水とは何ですか。」師は言った、「それは、曹渓の源よりしたたり落ちる一滴の水である。」僧はこの反復を何とも理解できずに、途方に暮れて立っていた。一方、たまたまかたわらにいた徳韶は、禅の内なる意味に、このときはじめて心の眼を開くことができた。かれが胸の底に秘《ひそ》かに抱き続けてきた疑いは、みな跡かたもなく解消した。かれは、それからのち、まったく別人となった（訳註28）。

＊　禅宗第六祖慧能が住した曹渓山。これが、中国の禅仏教発生の地である。

真理とは外にあるもので、感知する主体によって感知されるべきもののように思うのは二元的な考え方で、その理解は知性によることになる。ところが、禅が言うには、われわれは真理の只中に、真理によって生きているのであって、それから離れることはできない。玄沙《げんしゃ》は言う、「われらは大海の中で、頭も肩も水に浸っているようなものである。しかもなお、われわれは、さも悲しげに、水を求めて両手を差しのべているのだ」と（訳註29）。だからある僧が「わたしの自己とは何でしょうか」と問うた時、かれはただちに答えた。

「自己をもって、何をしようというのか」（訳註29）。これを知的に分析するならば、かれの意味するところはこうである。自己について話しはじめる時、われわれは必然的に、すぐさま自己と非自己の二元論を打ち立てて、もって理知主義の誤りに陥る。われわれは水の中にいる――これが事実である。だからそのままでいようではないか、と禅は言う。なぜならば、水を求めはじめる時、われわれは自己を水と外的な関係におき、これまで自分のものだったものを取り上げられてしまうからである。

玄沙が韋《い》という武官を茶に招じた時、韋はたずねた、「われわれはそれを毎日持っているにもかかわらず、それを知らないのだと言いますが、これはどういうことでしょうか。」玄沙は質問には答えずに、菓子を一きれ取ってかれにすすめた。それを食べ終って、武官はふたたびたずねた。すると師は言った、「われわれは毎日それを使っていながら、ただそれを知らないだけだ」（訳註30）。明らかにこれは、実地教示である。また、ある時ひとりの僧がかれの許にやってきて、いかにして真理の道に入るべきかの指示を乞うた。玄沙はたずねた、「おまえには、あの小川のせせらぎが聞えるか。」「はい、聞えます。」玄沙は答えた、「そこから入るがよい。」

6　叫び

禅僧たちはしばしば、問いに対して筋の通った答えを与える代りに、叫び声を発する。*　言葉が使われるならば、それが何とか筋の通るものであれば、われわれは、それでどうにか真意に到る手掛りが見つかりそうだと考える。だが言葉にならない声を発せられたのでは、どう扱ってよいのやら、まったく途方に暮れてしまう。自分は、読者がこれに対処できる備えを固めるよう、いくらかでも予備知識を与えようと努力してきたつもりである。

*　これは、神を、言うに言われぬため息、と定義した古の神秘家を思い出させるではないか。

よく叫び声を発した禅匠たちの中で、特に有名なのは雲門と臨済である。雲門は「関《かん》」で名高く、臨済は「喝《かつ》」で知られている。

臨済は四種の喝を区別する（訳註31）。かれの言うところによると、その第一は、金剛宝王剣のごとくである。第二は、大地にうずくまる金毛の獅子のごとくである。第三は、囮《おとり》に使う探りの枝か草のごとくである。そして第四は、まったく「喝」の用をなさないものである。

臨済は、ある時、弟子の洛浦《らくほ》に問うた、「ひとりは棒を使い、またひとりは〝喝〟によった。おまえはどっちがより真理に近いと思うか。」弟子は答えた、「両方とも近くありません。」「もっとも真理に近いものは何か。」洛浦は叫んだ、「喝！」すると臨済はかれを打った（訳註32）。この棒を振り廻すのは徳山の得意とするところで、普通、臨済の喝に相対するものとされている。しかしここでは、臨済が棒を使い、かれの得意の手は、その弟子洛浦がいとも見事に取り上げている。

以上、七つの項目の下に列挙した〃善巧方便《ぜんぎょうほうべん》〃（upāya-kauśalya）のほかにも、なお二、三の〃方便〃がある。ただし自分は、ここでそれをあまり詳細にわたって説明するつもりはない。

その一つは「無言」である。維摩《ゆいま》は、文殊《もんじゅ》が不二《ふに》の法門について問うた時、無言であった。後世ある禅匠は、かれの無言を、「耳をつんざくこと雷鳴のごとし」と評した。僧が芭蕉慧清《ばしょうえせい》に、一切の媒介観念によらずに「本来の面目」を示すよう求めた時、かれは坐ったまま黙っていた（訳註33）。資福《しふく》は、質問者の理解にかなう一句は、と問われて、一言も発せずに、ただ無言でいた（訳註34）。杭州《こうしゅう》の文喜《ぶんき》は仰山《ぎょうざん》の弟子であった。ある僧がかれに、「自己とは何でしょうか」と問うたが、かれは無言であった。僧はそれをどう解してよいかわからなかったので、ふたたびたずねた。それに答えて師は言った。「空に雲あれば、月は輝き出ることができない」（訳註35）。ひとりの僧が曹山に問うた、「言い表わすことのできない無言は、どう示したらよいでしょうか。」「わしはここでは示さない。」「どこでお示しになりますか。」師は答えた、「昨夜真夜中に、わしは寝床のそばで三文なくした」（訳註36）。

禅匠たちは、時々、問いに答えて、あるいは壇上にあって、「しばらくの間」（良久《りょうきゅう》）沈黙する。次の例からわかるように、この「良久」は、つねに単に時間の経過を示すだけのことではない。ひとりの僧が首山の許にきて問うた、「弦のない琴を奏でてお聞かせください。」師はしばらくの間黙っていて、そして「聞えるか」と言った。「いいえ、聞えません。」「なぜもっと大きな声でたずねなかったのか」と師は言った（訳註37）。

ある僧が保福《ほふく》にたずねた、「無生の路を知ろうと欲するならば、その源を知らねばならぬと申します。師よ、その源とは何でしょうか。」保福はしばらく沈黙して、それから侍者に問うた、「その僧は、いま、わしに何を問うたのかな。」僧が問いをくりかえすと、師は、「わしはつんぼではないぞ」と叫んで、かれを追い出した（訳註38）。

二　直接的方法

さて、自分は、禅仏教のもっとも際《きわ》だった特徴を述べることになった。禅は、これによって、他の仏教各宗派からばかりでなく、われわれが知るかぎりのあらゆる形の神秘主義とも異なったものになっている。これまでは、禅の真理は言葉で表現されてきた。明瞭な言葉もあり、そうでないものもあり、表面はまことに不可解であっても、ともかくそれは言葉を通して表現された。ところが禅僧たちは、今や、口頭の媒介によらずに、より直接的な方法に訴える。事実、禅の真理は、生命の真理である。そして生命とは、生き、動き、行動することであって、ただ思索することではない。だから禅の発展は、禅の真理を行なうこと、否、むしろそれを生きることに向かい、言葉で示したり解説したりする方向には向かわないが、これは禅にとって、まことに当然なことである。言葉で行なう表示は、思想による説明である。生命を実際に生きるところには、論理は存しない。生命は論理にまさるからである。われわれは、論理が生命に影響をおよぼすと考える。だが実際には、人間はわれわれが頭で考えるほどに理性的な生きものではない。もちろん、かれは推理する。しかしかれは、純粋かつ単純なその推理の結果のとおりには行動しない。推理よりもっと強力な何ものかがある。われわれはそれを衝動とか、本能とか、あるいはもっと包括的に、意志と呼ぶ。この意志の働くところに禅がある。だが、禅は意志の哲学かと問われるならば、自分は肯定の返事をすることをためらうであろう。もしどうしても禅を説明せねばならぬ時には、それは静的にではなく、動的に説明されねばならぬ。わたしがこうして手をあげる時、そこに禅がある。しかし、わたしが手をあげたと断言する時には、禅はもうそこにはない。またわれわれが、意志、あるいはそのほかの名で呼ばれる何ものかの存在を仮定する時にも、禅はそこにはない。断言、あるいは仮定が悪いというのではないが、それでは、禅なるものは、かれらが言うように、三千里もかけ離れてしまう。断言、主張が禅であるのは、それ自体が行為であって、それがそこで断言される何ものとも関係しない時だけである。月を指す指には禅はない。しかし一切の外的関係をまったく離れて、指し示す指そのものを考える時、そこに禅がある。

生命は、時という画布の上に、みずからを描く。そして時は、けっしてくりかえさない。ひとたび過ぎゆけば、永遠に過ぎ去る。行為もまた同様である。ひとたび行なえば、行なわれる以前にはけっして戻らない。生命は「墨絵」である。ためらうことなく、知性を働かせることなく、ただ一度かぎりで描かねばならぬ。訂正することは許されないし、また不可能である。生命は油絵とは違う。油絵は、芸術家の得心のゆくまで、幾たびでも消してやり直すことができる。「墨絵」に筆を二度加えると、その結果はみな汚点となり、生命は消え失せてしまう。墨がかわけば、訂正箇処がみな現われる。生命も同じことである。われわれは、ひとたび行為に移したことを取り消すことはできない。否、ひとたび意識を通ったことを、拭い去ることはできない。ゆえに禅は、そのものが動いている間に捉えねばならぬ。前でも後でもいけない。それは一瞬の行為である。伝説によれば、達摩は中国を去る時、弟子たちに、かれらが禅をいかに解するかと問うた。弟子のひとり——それはたまたま尼僧であったが——が答えた、「それはちょうど阿難《あなん》（Ānanda）が阿閦仏《あしゅくぶつ》（Akshobhya Buddha）の仏土を見るようなものであります。ひとたび目にし、けっして二度と繰返されません。」この矢のように過ぎゆき、繰返すことも、捉えることもできない生命の特質を、禅匠たちは稲妻、あるいは火打石の火花にたとえて、たくみに述べた、「閃電光、撃石火。」

　禅匠たちがとった直接的方法の真意は、この矢のように過ぎゆく生命を、それが駈け去ってしまってからではなく、去りゆくままに捉えることにあった。生命が走りゆく時、記憶を呼び起したり、思想を築いたりするいとまはない。推理はここでは一切役に立たない。言葉は使ってもよいのだが、これは、あまりにも長いこと観念構成と提携している間に直截性を失い、それ自体であることを喪失してしまった。使うや否や、それはたちまち意味を表わし、推理をなす。そして、おのれみずからのものではない何かを表わす。それは、生命とは何も直接の関係を持たず、もはやここにはない何ものかのかすかなこだまか、影であるにすぎない。禅匠たちが、しばしば、論理的方法によって解釈できるような表示や言い方を避けたのはこのためである。その目的は、弟子の注意を、かれがつかもうとしているそのもの自体に集中させることにあった。万が一にもその妨げになるかもしれないものに、心を向けさせてはならないのである。だから、もし陀羅尼《だらに》や、叫びや、あるいは無意味な音のつながりとみえるものの中に意味を見出そうとするならば、われわれは禅の真理から遠くへだたってしまう。われわれは心そのものの中に、すなわち生命の泉の中に、分け入らねばならぬ。一切の言葉はそこから生まれる。棒を振り廻すのも、「喝」を叫ぶのも、毬《まり》をけるのも、この意味において解さねばならぬ。つまり生命のぎりぎりの表示として――否、むしろ生命そのものとして、諒解しなければならぬ。そこで、直接的方法は、いつも生命力の荒々しい主張ばかりではない。それはやさしい身振りであり、呼び声に応えることであり、流れのささやきに、また小鳥の歌に耳を傾けることであり、そしてまた、われわれの毎日の、平凡きわまりない生命の主張のあれこれである。

「仏陀が世に現われたもう〝以前〟の物事はどうだったでしょうか」と問われて、霊雲は払子《ほっす》を立てた。「仏陀出世〝以後〟の物事はどうですか。」かれはふたたび払子を立てた(訳註39)。この払子を立てることは、多くの禅匠たちが禅の真理を挙揚《こよう》するのに好んで用いた方法であった。前にも述べたように、払子と拄杖は禅匠の宗教的しるしであったが、僧たちが問いを持ってくる時には、当然これがよく使われた。ある日、黄檗希運《おうばくきうん》は壇に上った。僧たちが集まるや否や、師は拄杖を取り上げてかれらをみな追い出した。全員がほとんど出て行った時、師はかれらを呼んだ。弟子たちは頭《こうべ》をめぐらした。師は言った、

「月が弓のように見える。雨は少なく、風が強い」（訳註40）。禅匠たちはこのように効果的に拄杖をふるった。だが、杖が宗教のもっとも深淵な真理を説き明かす道具になろうとは、誰が考えたであろうか。

禅匠たちが言うように、禅はわれわれの「平常心」である。言いかえれば、禅には、超自然的とか、異常とか、高度に思弁的などと言って、われわれの日常の生活を越えるようなものは何もない。われわれは、眠くなれば休む。空腹になれば食べる。空の鳥、野の百合が「何を食い、何を飲まんと生命のことを思い煩い、何を着んと体のことを思い煩わぬ」（『新約聖書』）のと同じことである。これが禅の精神である。

竜潭崇信《りょうたんそうしん》は天皇道悟《てんのうどうご》の弟子であった。かれは侍者のひとりとして師に仕えた。こうしてしばらく道吾のもとにいたが、ある日、かれは師に言った、「わたしがあなたの許にきて以来、まだ一度も心の修行について御指示を受けたことがありません。」師は答えて言った、「おまえがわしの許にきて以来、わしはいつも、いかに心の修行をすべきかを示しつづけてきた。」「師よ、どのような具合にですか。」「おまえがお茶を持ってくれば、わしはそれを受けとったではないか。おまえが食事をすすめれば、わしは箸《はし》をとったではないか。おまえが挨拶をすれば、わしは礼を返したではないか。一体いつ、わしがおまえに指示を与えることを怠ったというのか。」竜潭はしばらく頭を垂れていた。すると師は言った、「見ようと欲するならば、ただちに見よ。だがそれについて思考しようとすれば、それはまったく失われてしまう」(訳註41)。

直接的方法は、これまでのところでは、身体の傷害や、精神の衝動を伴うような乱暴なものではなかった。しかし禅匠たちは、必要と考える時には、弟子たちを乱暴にこづき廻すことをいささかも躊躇《ちゅうちょ》しない。そのひとり臨済は、その直截痛烈な接得で知られている。かれの刀の尖《きっさき》は、相手の心臓を突き通す。かれの弟子のひとりに、定《じょう》上座という僧がいた。かれが師に、仏教の根本的原理は何か、と問うたところ、臨済は籐椅子から降りてきて僧をとらえ、一掌を与えて突き離した。定上座は、この行為の終始をどう受けとってよいかわからぬまま、じっと立ちつくしていた。するとかたわらにいた僧が、どうして師に礼をしないのかと注意した。言われたとおりに礼をしながら、突然、定上座は禅の真理に目覚めた(訳註42)。のちに、ある時かれが橋を渡っていると、たまたま三人の仏道修行者の一行に出会った。そのひとりが定上座にたずねた、「禅の川は深くして、その底にたずね入らねばならぬという。これはどういうことか。」臨済の弟子定上座は、たちまち質問者につかみかかり、まさに橋の上からかれを投げようとした。この時、連れの二人が仲に入り、無礼者に情けある処置を乞うた。定上座は修行者を離して言った、「もし連れのお二人の取りなしがなかったなら、この男に自分でじきじき川の底にたずね入らせてやるのだが」

（訳註43）。この人々にとって、禅は冗談でも、単なる観念の遊戯でもない。それどころか、それは、かれらが生命をかけることもいとわぬ最大の真剣事であり、行為の道であった。

　五祖法演の説法を一つあげて、それで「直接的方法」の項を終りたいと思う。五祖についてはすでに述べた。

「もし人が、禅とはどのようなものかと問うならば、わしは、それは夜盗の術を習うようなものだと答えよう。ある夜盗の息子が、父親がだんだん年をとってゆくのを見て考えた。『もし父が仕事をすることができなくなったら、わたしのほかに誰がこの家のかせぎ手になるだろう。わたしは商売を習わねばならぬ。』父親にこの考えを打ち明けたところ、かれはそれを承認した。ある夜、父は息子をとある大邸宅に連れて行って、垣を破り、家の中に入った。そして大きなひつを開けて、息子に中に入って衣類を撰び出すように命じた。かれがひつの中に入ったとたんに蓋《ふた》が閉められ、しっかりと鍵がかけられた。それから父親は庭に出て、戸をドンドン叩いてその家の家族全員を起しておいて、自分自身は、さきに入ってきた垣の穴からそっと抜け出した。家の者たちは興奮して、ろうそくをつけたが、盗賊はすでに逃げ去ったことを知った。息子はずっとひつの中に閉じ込められたまま、無慈悲な父親を恨んだ。かれはひどく煩悶したが、ふと、すばらしい考えがひらめいた。かれは、ねずみが物をかじるような音をさせた。家族の者は女中にろうそくでひつをあらためるように命じた。蓋の鍵が外されるや否や、幽閉者が飛び出した。かれはあかりを吹き消し、女中を押しのけて逃げた。人々は後を追った。道のかたわらに井戸を見つけて、かれは大きな石を持ち上げ、水の中に投げ込んだ。追跡者たちはみな井戸のまわりに集まって、暗い穴の中に身を投げた盗賊を見つけ出そうとした。その間にかれは無事に父の家に戻った。九死に一生を得たことで、かれは父親をきつく責めた。父は言った、『息子よ、腹をたてるな。どうして逃れたか、まずそれを話してごらん。』息子が冒険の一部始終を話し終ると、父親は言った、『そこだ、おまえは盗みの術を会得した。』

第六章　実存主義・実用主義と禅

一

「哲学・東と西」(Philosophy East and West) の第一号に、禅思想に言及した論文が二つも載っているのは意味深いことである。双方とも、優秀な大学教授――ホノルルのH・E・マッカーシィ博士と、シンシナティのバン・ミーター・エイムズ博士――の筆になったものである。* マッカーシィ博士はゲーテの『ファウスト』を禅の精神で解釈し、またエイムズ博士は、実存主義および実用主義に関連して禅を論じている。

* Harold E. McCarthy:「詩、形而上学、および禅」。Van Meter Ames:「アメリカ、実存主義、および禅」「哲学・東と西」(Philosophy East and West) 第一号、一（一九五一年四月）。

マッカーシィ博士の論文は示唆に富んだもので、『ファウスト』にもり込まれた禅の詩的精神を、きわめて明確かつ充分に解明している。はじめて『ファウスト』を読んだ時、自分は、作品にみなぎる思想に深く感銘し、それがいかに禅を彷彿させるかを思った。博士が言われるように、禅の精神はまことに宇宙的である。そこには東と西の区別などは存在しない。

実際、禅は生命そのものであるから、生命の構造をなすものすべてを含んでいる。すなわち、禅は詩である、哲学である、道徳である。生命の活動のあるところ、どこにでも禅がある。われわれが、生命は何かの制約を受けているなどと考え出さないかぎり、禅はわれわれの経験の一つ一つの中にある。だが、これを漠然とした一種の宇宙遍在論と解釈してはならない。禅は何も隠すところがない。一切が現前している。まなこ曇った者のみが、それを見ることが出来ないのである。

禅は生命であるという時、自分が言いたいのは次のことである。すなわち、禅は概念論の中に閉じ込めるべきものではない。概念論を可能にするのが禅である。したがって禅は、どの特定の「主義」とも同一に扱わるべきではない。この意味において、エイムズ博士の禅と実用主義、もしくは実存主義との比較は、要点をついたものではないと言えよう。禅には独自の表現方法があり、また自己解明のための独自の理論があることは言をまたない。

だがこれを、その理論が禅であるという意味に受けとってはならない。

禅の理論には、実用主義または実存主義の形になり得るものがある。エイムズ博士は、その論文「アメリカ、実用主義、実存主義、および禅」において、この点を取り上げて論議されたのだと思う。したがって博士の禅は、あるがままの禅全体を包括していないことは明白である。そこで、この制約に立った上で、自分は博士の興味深い、そして思考を喚起する論旨に大体同意する。

二

この機会を利用して、自分は、禅をさまざまな見地から述べてみて、もって禅の月を引き下ろし、われわれのより綿密な考察に供したいと思う。さきに言ったように、禅は生命である。そして生命は、われわれの知性の見るところによると、さまざまな要素からできている。そこで、大別して次の項目のもとに禅を解明してみよう。すなわち、存在論および認識論を含む形而上学、心理学、倫理学、美学、そして宗教の五項目である。

くりかえして言う。禅を概念化してはならない。それはどこまでも体験的に把握すべきものである。しかしわれわれ人間は、誰も無言ではいられない。何らかの方法で自己を表現しなければならない。ゆえに、もし経験に表現を与えることをやめるならば、われわれは一つの経験すら持ち得ないことになる。一切の伝達の方法を奪われては、禅は禅でなくなるであろう。沈黙さえも、一つの伝達の方法である。禅匠たちはしばしばこの方法に訴える。なぜならば、人間の沈黙は、動物の沈黙、もしくは天体の沈黙とは同じ範疇に入らない。人間の見地からは、動物や天体の沈黙でさえ、雄弁きわまりないものとなる。人間は、永久に自己を表現しようとしつづけるがゆえに、人間なのである。人間は理性的な存在であるというのは、この意味にほかならない。

禅の概念化は避けられない。禅は、自己の哲学を持たねばならぬ。ただ一つ注意すべきことは、禅を哲学の体系と同一視してはならないということである。なぜならば、禅は無限に哲学以上のものだからである。しからば、禅の哲学とは何か。

禅は仏教の一派であって、釈迦牟尼《しゃかむに》の悟りの体験から発展した。この体験は、〝シューニヤター〟（śūnyatā）すなわち、〝空〟の教義がもっともよく説明している。〝シューニヤター〟の同義語を英語の中に探すのはまことにむずかしい。そこで自分は、原語を訳さずにそのままにしておいて、その意味をできるだけ明確にするよりほかないと思う。

まず第一に明記せねばならぬことは、〝シューニヤター〟は、それを〝空〟、あるいは〝空虚〟と訳す時に考えられるような、否定的な術語ではない。それは、明確な意味をもった積極的な概念である。しかし仮定概念ではないから、抽象や一般論の所産と考えてはならない。それは、あらゆる存在を可能にするところのものである。だが、それでは、内在的なものであって、一切の存在の中、あるいは下に潜在する独立した実体かというと、そうではない。相対の世界は、〃シューニヤター〃の上に、また、中にある。〃シューニヤター〃は、いわば全世界を包み、同時にそれはまた、世界に存在する一つ一つの事物の中にある。〃シューニヤター〃教義は、内在論でもなければ、超越論でもなく、もしこういうことが許されるなら、その両方である。もし、内在論と超越論はたがいに矛盾するものだというならば、〃シューニヤター〃は、その矛盾そのものである。矛盾といえば、相対立する二つの言葉が考えられる。〃シューニヤター〃は絶対的に一である。ゆえにそこには矛盾はない。

〃シューニヤター〃（空）の外にある時にのみ、われわれは矛盾を感ずる。その中に生きているかぎり、矛盾はない。そして禅は、われわれに、ここにあることを望む。だから禅においては、〃シューニヤター〃は体験すべきものであって、概念化すべきものではない。体験するとは、覚知することであるが、それは普通われわれが感覚と知性の世界で覚知する仕方とは違う。その場合には、いつも、何かを覚知する主体があり、また主体に覚知される客体がある。つまり、感覚・知性の世界は、主体と客体の二者対立の世界だからである。〝シューニヤター〟を覚知するには、われわれは、この二元の世界を、その外に出てしまわないような仕方で越えなければならない、と禅はいう。〝シューニヤター〟の体験は、独特な方法をまたねばならない。

この独特な方法は、〝シューニヤター〟(空)がそれ自体の中にとどまりながら、しかも自己を、自己についての体験の客体となすところにある。これは、自己を分かちながら、しかもなお自己を一つに保つことを意味する。普通の経験の場合には、このことは不可能である。なぜならば、普通一般の経験の世界では、経験はすべて概念化されてしまう。これは、この世界は実はわれわれの知性が作り変えたものであって、実在それ自体のあるがままのすがたではない。すなわち、仏教哲学者の言葉をかりれば、「実相」ではないがためである。〝シューニヤター〟は、それが主体であり、かつまた客体である時にのみ体験される。

哲学者のやり方は、まず、作り変えられた世界の経験および論理から出発して、そして、この事実を見究めることができないまま、その論理を〝シューニヤター〟(空)の体験にあてはめてゆこうとする。こうして〝シューニヤター〟は、必然的にこの世の中に踏み出してくるが、これは〝シューニヤター〟を破壊することである。「論理づけ」が深ければ深いほど、〝シューニヤター〟が破壊される度合も深い。〝シューニヤター〟の正しい学び方は、それを体験することであり、〃シューニヤター〃に近づき得る唯一の方法でそれを覚知することである。言いかえれば、哲学者は、これまで知性のいとなみに専心従事することによって心が積み重ねてきたものを一切、あとかたもなく払い清め尽さなければならない。かれは、その思惟の方式を逆にしなければならないのである。それは、この相対の世界の物事を取扱うにはきわめて有効な武器ではあるが、実在の根底そのもの、すなわち、〃シューニヤター〃に到ろうとする時には、われわれは別の方法に訴えなければならない。別の方法とは、この知性の武器を投げ捨てて、真裸《まっぱだか》になって、〃シューニヤター〃の只中に飛び込むこと以外にはない。さきに言ったように、〃シューニヤター〃がこの世界を可能にする。だからわれわれが、この世界に属し、この世界の中にある物事、つまりこの世界を知るために用いる方法を、〃シューニヤター〃の体得に適用しようとするならば、それは、その方法の役に立たぬところ、実を結ばぬところで、無理にそれを用いようとしていることになる。

〃シューニヤター〃（空）を見、〃シューニヤター〃を知るとは、〃シューニヤター〃がみずからを見、みずからを知ることである。外に見るもの、知るものがあるのではない。それ自身がみずからを見るものであり、みずからを知るものである。かくて〃シューニヤター〃が〃アートマン〃（ātman）であって、すなわち自己自身の主であって、それはほかの何ものにも、いささかも制約されない。ここに次のことが問われよう。もし〝シューニヤター〟を見、そして知るものは、〝シューニヤター〟自身であるならば、どうしてわれわれ人間が、それについて語ることができよう。われわれは相対的に規定されている――われわれの知識はすべて制約されている――それなのに、いかにしてこの相対的に条件づけられた存在が、〝シューニヤター〟の体験に到り得ようか。

われわれが〝シューニヤター〟である。これが答えである。みずから〝シューニヤター〟であればこそ、われわれはそれを語り得る。もしそうでなければ、この世には何の哲学もないであろう。われわれが推理できるのは、ひとえに〝シューニヤター〟による。ただし、推理すること自体が、われわれを〝シューニヤター〟に導くのではない。推理のいとなみは、〝シューニヤター〟から生まれる。〝シューニヤター〟のしるしをとどめる。われわれはたえず推理をいとなんでいるが、その一方、推理を越えよと促《うなが》すのもまた、〝シューニヤター〟である。〝シューニヤター〟はみずからを見んと欲し、みずからを知らんと欲する。そして〝シューニヤター〟のこの欲求が、推理の働きを導きだす。ところが推理は、このおのれの活動の原因を知らずに、全知を主張するその壮語にもかかわらず、みずからを打ち砕くのである。推理はみずからを打ち砕き、〝シューニヤター〟に到ろうとするこころみにおいて、おのれがまったく無力なことを知る。これは、推理がその働きの中に〝シューニヤター〟そのものを見ようとはしないで、推理のいとなみの終着点においてそれに到ろうとするからである。つまり、一切の推理のいとなみの終る時を目指すからである。〝シューニヤター〟は働いている、それは推理することのその中にある、推理のいとなみが姿を変えた〝シューニヤター〟にほかならない――われわれ推理する者がこのことを知る時、われわれは〝シューニヤター〟を知り、〝シューニヤター〟を見る。そしてこれが、〝シューニヤター〟がみずからを見、みずからを知ることである。だから〝シューニヤター〟がみずからを知る時、それは〝シューニヤター〟ではなくて、〝シューニヤター〟なるわれわれ自身であると言える。〝シューニヤター〟はわれわれを通してみずからを知る。なぜならば、われわれが〝シューニヤター〟だからである。

〝シューニヤター〟が自己に目覚める時、つまり自己を覚知する時、これがみずからを「知り」、みずからを「見る」時であるが、それにはもう一つ別の名前がある。すなわち、〝シューニヤター〟（śūnyatā, 空）は〝タタター〟（tathatā, 如）すなわち〝このまま〟（suchness）である。〝タタター〟（如）は、仏教哲学独自の概念である。次にこれを取り上げて考察してみよう。

三

〃シューニヤター〃（空）の方は、誤って否定的にみられることがあるかもしれないが、〃タタター〃（如）の概念の中には、否定の思想をほのめかすものは何もない。〃タタター〃とは、物事をあるがままに見ることである。すなわちそれは、徹頭徹尾、肯定である。自分が木を見て、それは木であると言う。鳥の歌うのを聞いて、鳥が歌うと言う。鋤《すき》は鋤であり、山は山である。空の鳥は飛び、野の花は開く。それが〃タタター〃の言葉である。「平常心とは何か」と問われた時、ある禅僧は答えた。「疲れては眠り、飢えては食う。」この「平常心」が究極の「道」であり、仏教哲学のもっとも高い教えであるという。

〃シューニヤター〃（空）が一切を否定、あるいは拒絶するものとすれば、〃タタター〃（如）は、一切を受け入れ、一切をうけがうものである。この二つの概念は、たがいに相対立するもののように見えるかもしれない。だが仏教の考えによると、両者は相反するものではなく、ただわれわれの相対的な物の見方ゆえに、そう見えるのだと言う。実は、〃タタター〃（如）が〃シューニヤター〃（空）であり、〃シューニヤター〃が〃タタター〃である。万物は〃シューニヤター〃なるがゆえに、〃タタター〃である。仏教の哲人は明言する、「〃シューニヤター〃を体験する前は、山は山であり、川は川である。だが体験してのちは、山は山ではなく、川は川ではない。しかし体験が深まる時、ふたたび山は山であり、川は川である。」これには註を補う必要があろう。哲人が、〃シューニヤター〃の体験によって、山は山であることをやめ、川は川であることをやめるという時、その体験は、そのもっとも深いところに達したとは言いがたい。それは、なお知性の働きの面にある。そこには概念化の跡が見られる。最後の一塵まですっかり払い尽されてはいない。〃シューニヤター〃が真に〃シューニヤター〃（空）である時、それは〃タタター〃（如）と一つになる。

禅を、実用主義、および実存主義に近づけるのは、この〃タタター〃（如）の概念である。すなわち、かれらはみな経験を理論づけの基礎として受けとるが、かれらのいう経験は、相対の世界にしっかりと結びついたものである。ところが禅は、実用主義とは異なるが、その異なり方がきわめて意味深い。実用主義が、真理の実用上の有効性、すなわち、われわれの行為の有目的性に訴えるのに対し、禅は働きに何の目的も持たぬこと、つまり目的論的意識を離れることを強調する。禅独自の表現によれば、人がその生を生きつつ、あとに何の跡も残さぬことである。中国禅の事実上の創始者、六祖慧能が、〃ディヤーナ〃（dhyāna, 禅定）と〃プラジュニャー〃（prajñā, 智慧、般若）の同一なること、もしくは同時なることを強く主張した真意はここにある。慧能は『金剛経』を聞いて、禅の真理に目を開いたと言われているが、かれの悟りの契機となった句にも、同じ思想が内在しているのを見ることができる。その句とは、「どこにもとどまらずに心をさとる」(応無所住《おうむしょじゅう》、而《に》生其心《しょうごしん》)であるが、これは生の非目的論的解釈以外の何ものでもない。

目的論は、時間、相対性、因果関係、道徳等々の世界に属する言葉であるが、禅は、かかる制約を一切越えたところに生きる。野の百合、空の鳥が、聖なる生命の栄光を証《あか》すためにだけ生きるかぎり、かれらは目的を持たぬ生を生きている。人間とて同じことである。おのれの身長に一尺を加えようとはせずに生きる時、何を着、何を食わんと明日のことを思いわずらわずに生きる時、そして一日の苦労はその日一日で足れりとする時、このような生は、空の鳥や野の百合のそれと同じように、栄光に満ちたものではなかろうか。このような生こそ、神がわれらに生きよと望んだ生ではなかろうか。すなわち、一切の目的論的思いわずらいや、人間の分別による複雑さから解き放たれた生である。時間と目的論とは、たがいに交錯している。禅は時間を超越し、したがって目的論をもまた超越する。そこで『法句経』第三六五は、次のようにいう。

その人にはこの岸もなく、かの岸もない。
かれにはこの岸、かの岸、ともにない。

かれにはなやみもなく、束縛もない。
この人をこそ、わたしは婆羅門《ばらもん》と呼ぶ。*

＊『法句経』Narada Thera の英訳による。（Colombo Daily Press, 1946）六三ページ。

禅が実存主義と袂を分つところはどこか。さまざまな色合《いろあい》の実存主義があるが、どれもみな、次のように考える点で一致している。すなわち有限なる人間は、神から無限に離れている。そしてまた「行手に拡がる可能性の海は恐怖を呼ぶ。可能性は自由を意味する。そして、かぎりない自由は、耐えがたい責任を意味する。*」

＊「哲学・東と西」第一号、一（一九五一年四月）四四ページ。

禅はこのような思想とは無縁である。なぜならば、禅にとっては、有限はすなわち無限である。時間はそのまま永遠である。人は神と別ではない。「アブラハムの存在した前にわたしはある。」さらにまた、禅は無限の可能性、かぎりない自由、はてしない責任に、何の恐怖すべきものも認めない。禅は無限の可能性とともに動く。禅はそれ自身が自由そのものであるがゆえに、かぎりない自由を享受する。責任がいかにはてしなく、耐えがたかろうとも、禅はまるで何も負っていないかのようにそれを負う。キリスト教の言葉で言うならば、これは、わたしの責任が神の肩に移されたことであり、「わがこころのままにとにはあらず、みこころのままになしたまえ」である。これが道徳的責任に対する禅の態度である。もちろん、これは道徳的責任を回避することではない。禅は能《あた》うかぎりこれをにない、必要とあれば、生命を犠牲にすることも辞さない。だが要点は、禅は〝ダーナ〟（dāna, 布施）の徳、すなわち「六波羅蜜《ろっぱらみつ》」第一の「与えること」を、〝タタター〟（如）の次元で行なうということである。それは、あたかも「電光影裡に春風を斬る」ごとくである。

キルケゴールは恐怖を説いた時、いささか神経質で、かつ病的であった。かれは、自分が神から離れていることを異常なまでに感じ、それで恐怖のとりこになった。そしてこれが、〝タタター〟（如）の体験から生まれる自由の意味を充分に理解する妨げとなった。実存主義者は、たいてい相対の世界で自由を解釈するが、もっとも高い意味での自由はそこにはない。自由は、〝タタター〟およびその体験に関するものとしてのみ語り得る。実存主義者は、〝タタター〟の深淵をのぞき込んで身震いする。そして名状しがたい恐怖に捉われる。禅は、かれに言うであろう。「なぜ、深淵の只中に飛び込んで、そこに何があるかを見ないのか」と。宿命的な利己主義の考えが、ついにかれが虎穴に飛び込むのを引き止めてしまうのである。

四

禅にとっては、時間と永遠とは一つである。これが誤った解釈をひきおこすもとになる。たいていの人は、禅は時間を滅却し、その代りに永遠をおくのだと考え、これを絶対の寂《じゃく》静《じょう》、あるいは無為の意味に受けとる。もし時間が永遠ならば、禅にとっては、永遠が時間であることをかれらは忘れている。禅は無為を擁護したことは一度もない。永遠とは、この知性・感覚の世界におけるわれわれの日常の経験であって、この時間の制約の外に永遠があるのではない。永遠は、生と死の真只中、時間の進行の只中においてのみ可能である。自分が指をあげる。これは時間の中である。そしてこの指先に、永遠が躍動している。これを空間の言葉に言い換えれば、この一本の指が、三千世界をその中に蔵するということになる。これは象徴ではない。禅にとっては、それは実際の体験である。

禅は、ある意味では、刹那主義とみられるかもしれないが、これは一般に解釈されている意味とは異なる。禅は、刹那の中に永遠を有するが、他方、刹那主義には永遠はない。刹那主義者にとっては、流れ去る一瞬一瞬は、ただ流れ去って行くだけで、そこには永遠が伴わない。ゆえに刹那主義は悪い意味で無責任であり、反道徳的である。瞬間の意識に支配されるがゆえに、かれらは自由でもなく、自己の主でもない。禅はこの心の状態を、「住する」心、もしくは、「特定の住するところ」を持つ心、と呼ぶ。「住するところ」を持つ者は囚人であり、桟に縛りつけられ、柵で囲われた人と同じことである。自由なる禅者は、どこにもこのような住処を持たぬ。かれは無限を円周とする円の中に生きる。* だから、かれはどこにあっても、つねに実在の中心にいる。かれが実在そのものである。刹那主義者の生には何の意味もない。それは動物の生、植物の生と同じである——なるほど、生はたしかにそこにあるが、その生には何の意味もない。なぜだろうか。刹那主義者は時間に生きながら、永遠に気づかないからである。かれらにとって、一瞬一瞬はただそれだけであって、それ以上の何ものでもない。そして犬が庭で遊び廻るように、かれは刹那を享楽する。かれのよろこびは動物のよろこびであって、そこには何の意味もない。

＊『法句経』第一七九、および第一八〇に、「仏陀の心はひろくかぎりなく、かれには足跡もない」とある。これはまさに、「何の跡も残さぬ」あるいは、「桶《おけ》のたがのことごとくはずれた」という大乗仏教の思想と一致する。

刹那主義は、絶対の現在が何を意味するかを知らない。禅は、この絶対の現在に生き、ゆえに〝タタター〟（如）を覚知する。『金剛経』に、「過去心不可得、未来心不可得、現在心不可得」* とある。これは意味深い言葉である。その考えはこうである。

＊『法句経』第三四八参照。「前を捨て、後を捨て、中を捨てよ。存在の彼方の岸に到り、心は一切から解き放たれて、ふたたび生と死とを受けず。」前、後、中は、未来、過去、現在にあたる。

意識は時間の中にあり、時間の中で働き、それが時間そのものである。そして意識が、仏教哲学のいう〝クシャナ〟(kṣana, 刹那《せつな》、念《ねん》)の存するところである。自分は、〝クシャナ〟をあえて意識単位(Consciousness-unit)と訳す。意識がこれらの単位を、つぎつぎとたどってゆくからである。時間の言葉で言えば、意識単位は、時間を能うかぎり小さく分けた単位である。しかし時間の分割に限界をおくことはできないから、一意識単位とは、われわれが理論の上でのみ考え得るものだといえよう。〝エカクシャナ〟(ekakṣaṇa, 一刹那)*、すなわち、このような究極的単位の観念は、事実上、不可得である——そしてこれが、さきに引用した『金剛経』の言葉の意味するところである。〝エカクシャナ〟(一刹那)は不可得である。絶対の現在もまた然り。そして、〝エカクシャナ〟は絶対の現在であり、永遠の「今」である。かくて、禅は一刹那の中に成就すると言われるのである。

＊〈エカ〉(eka)は「一」。〈エカクシャナ〉(ekakṣaṇa)は「一刹那」、「一念の瞬間」。

意識の各瞬間が〝エカクシャナ〟(一刹那)であるが、しかし〝エカクシャナ〟をどれか一つ取り出して、これだと指し示すことはできない。〝エカクシャナ〟とは、永遠から時間がほとばしり出ることを意味する。無意識の闇黒の深奥から、意識が目覚め出ることである。〝エカクシャナ〟が目覚める時、無意識が生き返る。あるいは、そのとき永遠が時間の中に入り込むとも言える。ゆえに、意識を通してはじめて無意識を知り、時間を通してはじめて永遠を知ることができるのである。いわゆる永遠そのものなるものは存在しない。それはつねに時間の過程の中にある。意識を伴わないいわゆる無意識なるものは存しない。〝エカクシャナ〟（ekakṣaṇa）はまた、しばしば〝アクシャナ〟（akṣaṇa）*と呼ばれ、この二つの言葉は同義語として使われる。〝アクシャナ〟は〝無クシャナ〟（無刹那）の意である。しかしながら、〝無クシャナ〟は意識の抹殺を意味するものではない。それは意識の中に、そして意識とともにある。〝無クシャナ〟がすなわち〝エカクシャナ〟であり、しかもこれを〝エカクシャナ〟として捉えることはできない。〝無クシャナ〟は、永遠としての積極的な意味を持つ。

＊　文字の上からは、「無刹那」。漢文では「無念」。

無為（akarma）、無心または無念（acitta）、無住（aprasthita）等の観念についても、同じことが言い得る。これらは否定的に表現されてはいるが、みな積極的な観念である。各〝エカクシャナ〟（一刹那）が〝アクシャナ〟（無刹那）であるように、各行為は無為であり、各念は無念であり、意識の住処はすべて無処である。心は自知に目覚めるというが、しかし特に計算して行なえるような心の目覚めはどこにもない。禅はこのように理解さるべきであり、また禅はこのようにみずからを表現する。

人は問うかもしれない。「こうした矛盾はなぜか」と。答えはこうである。〃タターー〃(如)ゆえにかくのごとし、と。かくのごときがゆえにかくのごとし、であって、ほかには何の理由もない。したがって何の論理もなく、分析もなく、また矛盾もない。万物は、ありとあらゆる形の矛盾をふくめて、すべて永遠に〃タターー〃である。「A」は「A」ならざるものに対しないかぎり、「A」ではありえない。「A」を「A」であらしめるためには、「非A」が必要であるが、これは、「A」の中に「非A」があることを意味する。「A」が「A」自体であろうとする時には、それはすでにそれ自体の外にある――つまり、「非A」である。もし「A」がその中にそれ自体でないものを持っていないならば、「A」を「A」であらしめるために、「A」から「非A」が出てくることはできない。「A」はこの矛盾ゆえに、「A」である。そしてこの矛盾は、われわれが論理化を行なう時にはじめて出てくる。われわれが〃タターー〃の中にいるかぎりは、何の矛盾も存しない。禅は矛盾を知らない。矛盾に遭遇するのは論理家であるが、かれらは、矛盾は自分たちが作ったものだということを忘れている。禅は、一切をあるがままに受け入れる。そして矛盾は、大騒ぎをせずとも、おのずから解消する。矛盾の消滅を体験せんがために全世界を滅却し去ったり、あるいは抽象的非実体に帰してしまったりするのは、禅の行き方ではない。

人間の心の最大の難点は、それが、実在を解釈するために概念を創り出すことができる一方、その概念を実在化して、あたかも実在するもののように扱うことである。そればかりではない。心はみずから作り上げた概念を、外から実在に課せられた掟《おきて》と考え、実在が自己を表示するには、この掟に従わねばならぬかのように思う。知性の側のこの態度、もしくは思いこみは、心がその目的のために自然を取り扱う上の助けとはなるが、しかし、心はこれによって、生の内的な働きをまったく見落とし、その結果、それをとうてい理解し得ないことになってしまう。われわれが矛盾の前に躊躇し、いかに進むべきかと戸惑わねばならぬのはこのためである。

『法句経』第三六九に次のようにいう。

比丘《びく》よ、この船を空《から》にせよ、
汝《なんじ》この船を空にせば、そは早く走らん。
貪《むさぼ》りと憎しみとを断ち切り、
もって涅槃《ねはん》へと汝は赴《おもむ》かん。

「この船を空《から》にする」とは、われわれの心にある一切の概念を空にすることである。われわれは実在を知的に取り扱うために、そしてそれがわれわれの実際の生活に最大の効果をもたらすようはかるために、さまざまな概念を心に築き上げてきた。こうして科学が発達し、機械器具は見事な効果を納め、かくて、いわゆるわれわれの生活水準は空前の高さに達した。だが、人生の精神化、あるいは人生の意義の深い洞察ということになると、残念ながら、われわれはあまり進歩していないように思う。われわれは、生命の船を、過去にくらべて少しも早く走らせてはいない。「貪りと憎しみ」――これも同じく船の中身であるが――は増加し蓄積しつつあって、全然断ち切られてはいない。知性化には、貪り、憎しみ、等々を船から除く力がないからである。

〝シューニヤター〟(空)の教義とは、「実在の船」を空《から》にすることを意味するのではない。このことは覚えておいてほしい。なぜならば、実在そのものが〝シューニヤター〟であって、空にすべきものは何もないのであるから。〝シューニヤター〟は、積極的な概念である。そしてこの積極性において、〝シューニヤター〟(空)が〝タタター〟(如)と一つになる。禅は実在を〝タタター〟と見、この実在の〝タタター観〟ゆえに、禅は根本的経験論であるといわれる。禅は経験主義である。なぜならば、それは実在そのものを把握する手段として、廻りくどい方法論には頼らずに、〝プラジュニャー〟(智慧)の直観に訴える。禅の経験論は根本的であるが、これは、〝プラジュニャー〟の直観が、あらゆる形の直観および知性化の根底をなすがゆえである。〝プラジュニャー〟の直観をおいてはほかに、われわれを実在にじかに触れさせるものはない。〝プラジュニャー〟の直観にくらべると、感覚の経験はまったく直接的でない。それは、知的な、あるいは概念的な作り直しだからである。われわれが木を見て、それを木と呼ぶ時、われわれはこの感覚経験を究極のものと思う。だが実際には、この感覚経験は、それが概念化される時にはじめて可能となるのである。木は、それが「木」という概念に包摂されるまでは、木ではない。〝タタター〟（如）こそ、この概念に先んずるものである。それは、われわれが木であるとか、ないとか言う以前の消息である。それは、神がなお絶対の自己満足の状態にいたもうた時であり、かれがまだ創造の考え、あるいは意志を抱きたまわぬ時であり、かれがまだ、その最初の命令、「光あれ」を口にしたまわぬ時である。だが、自分は多くを言いすぎたようだ。そして〝タタター〟は、遠く無限の彼方《かなた》に去ってしまった。

五

禅の〝タタター〟（如）の概念には、ある意味で、芸術作品や自然の美しさの審美的鑑賞を思わせるものがあるといえよう。俳句を一句引用して、自分の言おうとするところを解明してみる。俳句は詩的表現のもっとも短い形である。そしてこのゆえに、われわれはその内容を、比較的容易に分析し得る。徳川の末期に、千代という女性の俳人がいた。彼女は加賀の生まれであったので、「加賀の千代女」として知られている。その有名な俳句の一つに、次の一句がある。

朝顔や　つるべとられて　もらひ水

これには説明が必要である。ある六月の朝早く、千代は戸外の井戸に水を汲みに出た。見ると、花開いた朝顔が、井戸の端についている手桶に巻きついていた。日本を訪れたことのある人は、日の出前、美しく開く朝顔の花に目をとめたことがあろう。花は露にぬれて、実にみずみずしい。千代が水を汲みに出た時、その美しさは特にその朝、彼女の心を深く深く打った。永遠の美しさにいたく感動して、彼女はしばし言葉もなかった。そして、ついに彼女が口にしたのは、ただ「朝顔や」であった。

この「朝顔や」は、およそ詩人の魂が花について言い得ることのすべてを含んでいる。かれがこれにつけ加え得るものは、みな註釈にすぎず、結局、はじめの一句に多くを加えはしないであろう。千代の「つるべとられてもらひ水」もまた同様である。彼女はこの一句を、汚穢《おわい》の世界には属さぬ美しいものと、功利主義が支配する日常生活の実用物との、対比の手段としてつけ加えた。俳人は美の凝視にまったくわれを忘れていたので、われに帰るにはしばらくの時がかかった。

彼女がいかに深く、いかに徹底して、この世のものならぬ花の美しさに打たれたかは、彼女が手桶から蔓をはずそうとしなかった事実によってうなずかれる。彼女は、容易に花をいためずに蔓をはずすことができたのだった。しかし、美と一体の感が彼女の心をすっかり奪ってしまっていたので、この考えは浮んではこなかった。天に属するものを、俗世界のいとなみの匂いのするもので汚そうなどとは、彼女は毛頭考えなかった。しかし俳人はまた女性であった。家事の仕事をする田舎の女性であった。彼女は自分の用事を考えないわけにはいかなかった。隣家へ朝の仕事に必要な水をもらいに行く——これが彼女にできた唯一のことであったろう。このように、この世界の相対の生活を思い出すこと、すなわち、美に没入した無分別の境から目覚めること、これが、逃がれるすべもないわれわれ人間の必然の状態である。

われわれは永久に無分別の状態に留まることはできない。われわれは経験することの一つ一つに表現を与えることに熱中している。そしてこうして自分自身を表現することによって、その経験がいっそう深く明らかになることに気づく。無言の経験は全然経験ではない。表現すること、すなわち分別と分析に訴えることは、人間的なことである。だから動物は、いかなる経験も一切持たないといえる。"タタター"（如）は、表現を持たないまま、そして無分別のままにいることはできない。それは、そこまでは概念化されねばならぬ。一方から言うと、「朝顔や」と声に出すことは、同一から出てくることであり、それゆえにもはや〝タタター〟ではないことであるが、この自己から出てくること、すなわち、自己自身であるために自己を否定すること、これがわれわれすべての定められた道である。そしてこの概念化の結果は、必然的に矛盾となり、この矛盾はただ〝プラジュニャー〟（智慧）の直観の綜合によって、はじめて解消するのである。

心理学的に言えば、俳人千代女は、美の瞑想から覚めるのに時間を必要とした。しかし形而上学的に言うならば、彼女が同一化に没入したのと分別に目覚めたのとは同時である。そしてこの同時性は、〝絶対の現在〟に成就する――それは〝タタター〟（如）の〝エカクシャナ〟（一刹那）である。これが、禅の哲学である。

〝タタター〟（如）には、純理性的な要素がある。〝タタター〟は、単なる実在の詩的瞑想でもなければ、実在への没我同化でもない。そこには覚知するものがあり、この覚知が〝プラジュニャー〟（般若）直観である。こうして〝プラジュニャー〟直観を、「無分別の分別」と定義してもよいかもしれない。ここに、全体がその各部分とともに直観される。ここに、差別されぬ全体が、無限に差別され個別化された部分とともに現前する。全体は、ここで、みずからを多くの部分に分化してゆくが、ただしそれは汎神論的、もしくは宇宙遍在論的な方法においてではない。全体はその各部分の中において失われず、また個別化が全体を見失うこともない。「一」はそれ自身の外に出でずしてそのまま一切であり、またわれわれの周囲の無限に変化した事物、変化しゆく事物の一つ一つは、「一」を具現しつつ、なおそれぞれの個別性を保っている。

六

禅は、しばしば、おのれ一人を高く持して大衆から遊離していると非難される。これはある程度正しい。時に、禅者が「知的」に高くすぐれた清純の境に生きているのを見ることがある。かれは世間から孤立して、その属する社会の役に立とうとしなくなる傾向がある。しかし事実は、禅は純粋理性の面とともに、意欲的かつ感情的な面をも合せ持っている。悟りの体験は、大悲心（mahākarunā）を欠くものではない。だが、これまでのところは、歴史的事情が禅がこの方面に働くのを阻《はば》んできた。禅は、ほかの諸宗教と同様、社会に関心を寄せるのであるが、禅が個人の体験を強調するがために、これが、より個人的に現わされ、示されてきたのである。社会的な面で他に奉仕することでは、禅はこれを行なうにその独自の方法を有する。次の例で自分の意味するところが明らかになろう。

物事のはじめに、アダムが「汝は面《かお》に汗して食物を食い、終《つい》には土に帰らん」と命ぜられて以来、われわれはみな、一所懸命働いて、呪われた大地から「いばらとあざみ」をのぞき、もって生活の糧《かて》をえ、そして「生み、増《ふ》え、地に饒《おお》くなりて其中《そのうち》に増《ふ》える」こととなった。これは、禅が今日われわれに伝えられたような形ではじめて発展した地、中国において、特にそうであった。中国人は一大農耕民族で、農耕によく働く。だから禅匠たちが、耕作や、それに関連した事柄にたえず言及したのは当然であった。

六祖慧能《えのう》は、五祖弘忍《ぐにん》の下にいた間、ずっと裏庭で米をつき、木を伐っていた。馬祖《ばそ》は、弟子たちと畑で働いていた時に、脚をいためた。弟子の一人が、誤って師の脚を手押車でひいたのだった。潙山《いさん》と仰山《ぎょうざん》は、茶をつみながらも、実在の問題を討議することを忘れなかった。百丈《ひやくじょう》は、かれは死後どうなるのかと問われた時、すかさず答えた。「わしは驢馬となって、誰か村人の家に生まれる。」これは、村人たちが、かれ、および僧堂のためにしてくれたことすべてに報いるために、百丈はよろこんで、どんなことでもするという意味であった。

禅文学は、「市場において」、「四つ辻の只中で」(十字街頭)など、あらゆる種類の仕事に忙しくたずさわっているという意味の言葉や、「顔は泥だらけ、頭は灰まみれ」(灰頭土面)など、これもまた、重荷を負い、骨折って働く人を描写する語句で一杯である。禅が肉体労働を軽蔑せず、「白昼の怠け者」でいるのを拒むことは、よく知られている通りである。百丈は、「一日作《な》さざれば一日食《くら》わず」(一日不作、一日不食)をモットーにした。

かれは額に汗して、もってその日のパンを口にする心構えだったのである。『十牛図』の最後の場面は、にこやかな顔をした人が市場に入ってくるところを描いている。市場は山の隠遁処に対照する。市場は人が社会に奉仕するところであるが、他方、山の隠れ家は、人が公共の仕事に役立つよう自己を鍛えるところである。僧堂は、単に世界の苦悩から逃避するところとしてあるのではない。その反対に、それは人が人生の戦場に出でゆく備えをする修行場、すなわち、かれが社会のために能《あと》うかぎりのことをする備えの場所である。仏教者はみな、「一切衆生が生死《しょうじ》の流れを渡るのを助ける」（衆生無辺誓願度）ことを言う。

　仏教者が、いわゆる「社会奉仕」の仕事において、やや怠慢、もしくは消極的に見えるのには理由が一つある。それは、仏教が栄えた地、東洋の人々は、組織化があまり得意でないという事実である。かれらは他のあらゆる宗教の人々と同じく慈悲の心を持ち、その教えを実行するにやぶさかでない。しかしかれらはその博愛の行ないを、組織的な方法で実行することには慣れていない。むしろかれらは、他人に自分のしていることを知らせずに、静かに、そっと、一人でその行ないを進めよ（隠徳をつめ）と教えられてきた。この面の活動に関する仏教の歴史を読む時、われわれは大衆の福祉と教化のために、仏教者がいかに力を尽してきたかを知ることができる。

　もっとも悲しむべきことは、数多くのキリスト教会、仏教寺院、ユダヤ教会堂、回教寺院、それに、実質的、精神的な教育機関にもかかわらず、われわれの多くは、無知で、愚かで、全く自我中心的にすぎるということである。これが、時に、悟れる者を失望落胆させる。あまたの仏像、聖像に、われわれはその跡を見出すことができる。エイムズ博士は言う、「まったくの貧困と絶望的事態においては、無感覚が一番よいのかもしれない。だが、それがおよそ人間の生活が到り得る最大のものだと思うのは、悲しい迷いである。*」博士はまったく正しい。人間が人間であるかぎり、かれはその周囲に起るさまざまな出来事に、無感覚でいることはできない。人口の密集した都会の真中で原子爆弾が炸裂したのちの、あらゆる人間の苦痛、苦悶、悲惨を目にする時、かれの神経は千々《ちぢ》に引き裂かれる。そしてもっともいけないことは、人はこれらの苦の前にまったく無力だということである。人が持ち得る唯一の救いは、もしそれがかなうことならば、無感覚の福音であろう。何と非人間的なことではないか。われわれの団体活動はすべて、個人の考えや行為の集積であると自分は考えたいのだが、以上の事柄は、みな絶望的にわれわれ個人の制御を越えるものである。このことを思う時、自分は神に次のような独り言をいわせた聖書の著者に、深く共鳴せずにはいられない。

＊　同書、三九ページ。

「エホバ、人《ひと》の地に大なると、其心《そのこころ》の思念《おもひ》の都《すべ》て図維《はか》る所の恒《つね》に唯だ悪《あし》きのみなるを見たまへり。是《ここ》に於《おい》て、エホバ、地の上に人を造りしことを悔いて、心に憂《うれ》へたまへり。エホバ言《いひ》たまひけるは、我《わ》が創造《つく》りし人を我が地の面《おもて》より拭去《ぬぐひさら》ん。人より獣《けもの》、昆虫《はふもの》、天空《そら》の鳥にいたるまでほろぼさん。其《そ》は我れ之《これ》を造りしことを悔《くゆ》ればなり。*」

＊「創世記」第六章五―七節。

神は今、地上から人を拭い去る大事業に専心従事しているのであろうか。まさにそのようである。それならば、人間は人間であるかぎり、この事態に対処する態度を持たねばならぬ。禅はこれに寄与し得るであろうか。

第七章　愛と力

いまだかつて、人類の歴史において、現代の世界におけるほど、精神の指導者ならびに精神的価値の高揚が差し迫って必要だったことはない。前世紀から今世紀にかけて、われわれは、人類の福祉の増進のために幾多の輝やかしい成果をおさめてきた。しかし、おかしなことに、われわれは、人類の福祉が主として精神上の智慧と訓練によるものであることを忘れていたようである。今日、世界が憎しみと暴力、恐怖と不実の腐敗した空気に満たされているのは、ひとえに、われわれがこのことを充分に認識しなかったことによる。実際、われわれは、個人としてのみでなく、国際的にもまた民族的にも、おたがいの破滅のためにいよいよ力をつくそうとしているかのごとくである。

今日、われわれの考え得る、そして、その実現をねがうさまざまの精神的価値のうち、何よりも切望せられるものは〝愛〟である。

生命を創造するのは愛である。愛なくしては、生命はおのれを保持することができない。今日の、憎悪と恐怖の、汚れた、息のつまるような雰囲気は、慈しみと四海同胞の精神の欠如によってもたらされたものと、自分は確信する。この息苦しさは、人間社会というものが複雑遠大この上ない相互依存の網の目である、という事実の無自覚から起きていることは、言をまたない。

個人主義の道徳の教えは、さまざまの意義ある成果を生んで、まことに結構である。しかし、個人は他の人々から孤立し、その属している集団――それは生物的な集団、政治的な集団、宇宙論的な集団など、さまざまあろうが――から切り離される時、もはや存在しないということを忘れてはならない。数学的にいうならば、一という数は、無限に存する他の数と関係しないかぎり、一ではない、それ自身ではあり得ない。一つの数それ自体の存在などということは考えられない。これを道徳的もしくは精神的にいえば、それぞれの個人の存在は、その事実を意識すると否とにかかわらず、無限にひろがり一切を包む愛の関係網に、何らかのおかげをこうむっているということである。そしてその愛の関係網は、われわれのみならず、存在するもののすべてを漏らさず摂取する。実にこの世は一大家族にして、われわれひとりひとりがそのメンバーなのである。

人間の思想の造型に、地理がどれほど関係あるものか、自分にはわからない。だが、事実、七世紀の頃、〝華厳《けごん》哲学〟として知られる一つの思想体系が開花したのは、極東の地においてであった。華厳は、たがいに融通し、たがいに滲透し、たがいに関連し、たがいにさまたぐることなしという考え方に基づく。

この一切の相依相関を説く哲学が正しく理解される時に、〝愛〟が目覚める。なぜならば、愛とは他を認めることであり、生活のあらゆる面において他に思いを致すことだからである。「すべての人に為《せ》られんと思うことは、人にもまたそのごとくせよ。」これが愛の要旨であり、これは、相依相関の認識からおのずと生まれてくることである。

たがいに関係をもち、たがいに思いやるという考え方は、力の観念を排除する。力とは、内的関係の体制の中に外から持ち込まれるものだからである。力の行使はつねに、専断、独裁、疎外に向かう。

近頃、われわれが憂慮するのはほかでもない、力の本性を見抜けないで、したがって、それを全体の利益のために用いることのできぬやからが、力の概念を不当に買いかぶって主張することである。

愛とは、われわれに外から与えられる命令ではない。外からの命令には、力の意味がふくまれている。行きすぎた個人主義は、力の思いを育てはぐくむ温床である。なぜならば、それは自己中心的なものであって、ひとたび外に向かって動き出し、他人を支配しようとしはじめると、はなはだ尊大に、またしばしば、はげしい手段をもって自己を主張する。それに反して、愛は、相依相関の心から生まれ、自我中心、自己強調とはほど遠い。力が、表面は強く、抵抗しがたく見えながら、実はみずからを枯渇させるものであるのに反し、愛は自己否定を通して、つねに創造的である。愛は、外部の全能なるものを待たずして、みずから働く。愛は生命、生命は愛である。

生命は、かぎりなく錯綜した相依相関の網であるから、愛の支えなくしては生命たり得ない。愛は、生命に形を与えようとして、さまざまのすがたに自己を表現する。形は必然的に個別的である。そして分別する知性は、とかく形を究極の実体とみなしがちである。力の概念はここから生まれる。知性が発達し、その独自の道を進んで、人間活動の実利的分野でおのれがおさめた成功に夢中になってくると、力が暴れ狂い、周囲を破壊しまわる。

愛は肯定である。創造的肯定である。愛はけっして破壊と絶滅には赴かない。なぜならば、それは力とは異なって、一切を抱擁し、一切を許すからである。愛はその対象の中に入り、それと一つになる。しかるに、力は、その特質として二元的、差別的であるから、自己に相対するものをことごとく粉砕し、しからずんば、征服して奴隷的従属物と化さねばやまぬ。

力は、科学ならびにそれに属するすべてのものを利用する。科学は、分析的であるにとどまり、無限に多様な差別相とその量的測定の学たることを越えないかぎり、とうてい創造的ではあり得ない。科学において創造的なものは、その探究の精神であるが、それは愛によって鼓舞されるものであって、力によってではない。力と科学の間に何らかの協力が行なわれる時には、その結果は、いつでも、さまざまの災害と破壊の手段を考え出すことになる。

愛と創造力とは一つの実体の両面のすがたであるが、創造力はしばしば愛から切り離される。この不幸な分離が行なわれる時、創造力は力と結びつくことになる。力は実は、愛や創造力よりも下位のものである。力が創造力をわがものとする時、それはあらゆる禍《わざわ》いをひきおこす危険きわまりない要因となる。

前述のように、力の観念は、実在の二元的解釈から必然的に生まれる。二元論が、その背後に統合する原理のあることを認めようとしない時、その生来の破壊的傾向は、奔放に、ほしいままに露呈される。

この力の誇示のもっとも顕著な一例が、西欧の人々の自然に対する態度にみられる。かれらは自然を征服するといって、けっして自然を友とするとはいわない。かれらは高い山に登っては、山を征服したと公言する。天のかたに向かってある種の発射物を打ち上げることに成功すると、今度は、空を征服したと主張する。なぜかれらは、いまやわれわれは自然とよりいっそう親しくなった、とは言わないのか。不幸なことに、敵対観念が世界のすみずみにまで滲透して、人々は「支配」、「征服」、「管制」等々を口にする。

力の観念は、人格とか、相互依存とか、感謝とか、その他さまざまの相互関係の心を斥ける。われわれは、科学の進歩、たえず改善される技術、ならびに工業化一般によっていかなる恩恵を引き出そうとも、みながひとしくその恩恵にあずかることは許されない。なぜならば、力は、われわれ人類同胞の間にひとしく恩恵を分配しないで、それを独占しがちだからである。

力はつねに尊大で、独断的で、排他的である。それに反して、愛はおのれを低うし、一切を包括する。力は破壊を意味し、自己破壊をさえあえてする。愛の創造性とはまったく反対である。愛は死に、そしてふたたび生きる。しかるに力は殺し、そして殺される。

力とは人を物に変えるちからである、と定義したのは、シモーヌ・ウェイルだったと思う。自分は、愛とは物を人に変えるちからである、と定義したい。かくして、愛は力と根本的に対立するもののようにもみえる。愛と力はたがいに排除し合い、したがって、力のあるところには愛の影さえささず、また愛のあるところには力はまったく立ち入る余地もないと考えられる。

これは、ある程度までは正しい。だが真実には、愛は力に対立するものではない。愛は力よりも高い世界に属し、愛に対立すると思い込んでいるのは、力の方だけである。まことに、愛は一切を包み、一切を許す。それは一切を和らげ、かぎりなく創造して尽きるところを知らぬ。力はつねに二元的である。したがって固定的で、自我を主張し、破壊におもむき、すべてを滅却する。そしてもはや征服すべきものがなくなると、おのれに鉾先を向け、おのれを滅ぼすに到る。力とはこのような性格のものであるが、これは、今日われわれの目撃するところではないか。それは国際問題において殊に顕著である。

愛は盲目というが、盲目なのは愛ではなくて、力である。けだし、力は、おのれの存在が何か他のものに依ることをまったく見落している。それは、自己とはくらぶべくもない大いなる何ものかにおのれを結びつけることによって、はじめてそれ自身であり得ることを認めようとしない。この事実を知らぬままに、力は自滅の淵に一直線に飛び込んでゆく。力が悟りを体験するには、まず、その眼を覆うとばりを取り除かなければならない。この体験なくしては、力の近視眼的まなこには、真のすがたは一切うつらない。

まなこがあるがままの実在、すなわち実相を見得ない時、恐怖と疑惑の雲が、見るものすべてを覆う。実在の真相を見ることあたわずして、まなこはみずからをあざむく。相対するものをことごとく疑いはじめ、破壊しようと欲する。こうしてたがいに疑ってとどまるところを知らず、こうなっては、いかに説明しようとも、対立緊張を和らげることはできない。双方がありとあらゆる詭弁、奸策を弄する。これが国際政治では、外交という名の下に行なわれる。だが、相互の信頼と、愛と、和解の精神の存せぬかぎり、いかなる外交も、みずからのからくりによって創り出した緊張状態を緩和することはできないであろう。

力に酔った人々は、力が人を盲目にし、しだいにせばまる視界に人を閉じ込めるものだということに気づかない。こうして力は知性と結びつき、あらゆる方法でそれを利用する。だが、愛は力を超越する。なぜならば、愛は実在の核心に滲透し、知性の有限性をはるかに越えて、無限そのものであるからである。愛なくしては、人は、無限にひろがる関係の網、すなわち実在を見ることはできない。あるいは、これを逆に言えば、実在の無限の網なくしては、真に愛を体験することはできない。

愛は信頼する。つねに肯定し、一切を抱擁する。愛は生命である。ゆえに創造する。その触れるところ、ことごとく生命を与えられ、新たな成長へと向かう。あなたが動物を愛すれば、それはしだいに賢くなる。あなたが植物を愛すれば、あなたはその欲するところを見抜くことができる。愛はけっして盲目でない。それは無限の光の泉である。

まなこ盲《めしい》、みずからを限定するがゆえに、力は実在をその真相において見ることができない。したがって、その見るところのものは虚妄である。力それ自体もまた虚妄である。そこで、これに触れるものも、またすべて虚妄性と化する。力は虚妄の世界にのみ栄え、かくて、偽善と虚偽の象徴となる。

終りにあたり、くりかえして言う。存在するものすべての相依相関の真理に目覚め、たがいに協力する時、はじめてわれわれは栄えるのだという事実を、まず自覚しようではないか。そして、力と征服の考えに死して、一切を抱擁し、一切を許す愛の永遠の創造によみがえろうではないか。愛は、実在をあるがままに正しく見ることから流れ出る。そこで、われわれに次のことを教えてくれるのも、また愛である。すなわち、われわれ――個別的に言えばわれわれのひとりひとり、集合的に言えばわれわれのすべて――は、善にあれ悪にあれ、この人間社会に行なわれることの一切に責任がある。だから、われわれは、人類の福祉と智慧の全体的発展を妨げるような条件を、ことごとく改善もしくは除去するように努めなければならないのである。

訳　註

第三章　禅の意味

(1) 子曰、「吾十有五而志于学、三十而立。」（論語、為政第二）

(2) 苦諦・集諦・滅諦・道諦の四つの真理。釈尊が成道ののち、鹿野苑の初転法輪において説かれたという仏教の根本義。

(3) 孟子曰、「天将降大任於是人也、必先苦其心志、労其筋骨、餓其体膚、空乏其身、行払乱其所為。所以動心忍性、曾益其所不能。」（孟子、告子下）

(4) 日蓮が他宗折伏のために唱えたという「念仏無間、禅天魔、真言亡国、律国賊」の四句をいう。

(5) 「楖栗横担不顧人、直入千峰万峰去。」（碧巌録、第二十五則）

(6) 臨済（八六七没）。上堂云「赤肉団上、有一無位真人。常従汝等諸人面門出入。未証拠者、看看。」時有僧出問、「如何是無位真人。」師下禅牀、把住云、「道道。」其僧疑議。師托開云、「無位真人、是什麼乾屎橛。」便帰方丈。（臨済録、上堂）

(7) 雲門（八六四—九四九）初参睦州。州旋機電転、真是難湊泊。尋常接人、才跨門、便搊住云、

「道道。」擬議不来、便推出云、「秦時𨍏轢鑽。」

雲門凡去見、至第三回、才敲門、州云、「誰。」門云、「文偃。」才開門、便跳入。州搊住云、「道道。」門擬議、便被推出。門一足在門閫内、被州急合門、拶折雲門脚。門忍痛作声、忽然大悟。（碧巌録、第六則評。五燈会元巻十五、雲門章参照）

(8) 子曰、「朝聞道夕死可矣。」（論語、里仁第四）

(9) 上堂曰、「老僧三十年前、未参禅時、見山是山、見水是水。乃至後来親見知識、有箇入処、見山不是山、見水不是水。而今得箇休歇処、依然見山祇是山、見水祇是水。大衆、這三般見解、是同是別。有人緇素得出、許汝親見老僧。」（続伝燈録巻二十二。五燈会元巻十七、青原惟信章）

(10) 問、「終日著衣喫飯、如何是免得著衣喫飯。」師云、「著衣喫飯。」進云、「不会。」師云、「不会即著衣喫飯。」（古尊宿、睦州録）

(11) 一日謂衆曰、「汝等与我開田。我与汝説大義。」衆開田了、帰請説大義。師乃展両手。衆罔措。（続伝燈録巻九。五燈会元巻四、百丈涅槃章）

(12) 問、「如何是禅。」師云、「摩訶般若波羅蜜。」進云、「不会。」師云、「抖擻多年穿破衲。襤毿一半逐雲飛。」（睦州録）

(13) 問、「如何是禅。」師云、「猛火著油煎。」（睦州録）

(14) 居士龐蘊問馬祖云、「不与万法為侶者、是什麼人。」祖云、「待汝一口吸尽西江水、即向汝

道。」居士言下頓領玄要。（伝燈録巻八、龐居士章）

(15) 『維摩経』の主人公である在家の居士。中インドの毘耶離（ヴェサーリ）の長者で、在家身のまま大乗菩薩の行を修し、無生法忍を得たという。かつて病いを得るや、釈尊は舎利《しゃり》弗《ほつ》・目連・大迦葉《だいかしょう》等に居士の病気見舞に行くことを命じたが、みな畏れて行かず、よって文殊師利をしてこれに当らしめた。そこで文殊は維摩の方丈に至って互に種々の法門を談じ、般若皆空、無相不可得の深義を展開するというのが『維摩経』の所説である。

(16) 三聖令秀上座問曰、「南泉遷化、向甚麼処去。」師曰、「石頭作沙弥時、参見六祖。」秀曰、「不問石頭見六祖。南泉遷化、向甚麼処去。」師曰、「教伊尋思去。」（伝燈録巻十。五燈会元巻四、長沙章）

(17) 長慶慧稜禅師（八五三—九三二）、拈拄杖示衆云、「識得這箇、一生参学事畢。」（葛藤集）

(18) 芭蕉慧清禅師、上堂拈拄杖示衆云、「你有拄杖子、我与你拄杖子。你無拄杖子、我奪却你拄杖子。」靠拄杖下座。（五燈会元巻九。禅林類聚第十六。無門関、第四十四則参照）

(19) 大潙慕喆云、「大潙不然。你有拄杖子、我奪却你拄杖子。你無拄杖子、我与你拄杖子。大潙既如是、諸人還用得也未。若人用得、徳山先鋒、臨済後令。若也不得、且還本主。」（同前）

(20) 睦州因僧問、「如何是超仏越祖之談」、師驀拈拄杖示衆云、「我喚作拄杖、你喚作什麼。」僧無語。師再将拄杖示之云、「超仏越祖之談、是你問麼。」僧無語。（睦州録）

(21) 雲門一日拈起拄杖、挙教云、「凡夫実謂之有、二乗折謂之無、縁覚謂之幻有、菩薩当体即空」、乃云、「衲僧見拄杖、但喚作拄杖。行但行、坐但坐、総不得動著。」（古尊宿、雲門録。五燈

(22) 会元巻十五、雲門章参照）

(23) 師或拈拄杖示衆云、「拄杖子化為竜、呑却乾坤了也。山河大地甚処得来。」（同前。碧巌録、第六十則参照）

(24) 挙生法師云、「敲空作響、撃木無声」、師以拄杖空中敲云、「阿耶耶。」又敲板頭云、「作声麼。」僧云、「作声。」師云、「這俗漢。」又敲板頭云、「喚什麼作声。」（雲門録）

(25) 上堂云、「一塵才挙、大地全収。一毛頭師子、百億毛頭現。百億毛頭、一毛頭現。千頭万頭、但識取一頭。」乃竪起拄杖云、「者箇是南源拄杖子。那箇是一頭。」喝一喝、卓拄杖一下、下座。（慈明録）

(26) 垂示云、「一塵挙大地収。一花開世界起。只如塵未挙、花未開時、如何著眼。所以道、如斬一綟糸、一斬一切斬。如染一綟糸、一染一切染。只如今便将葛藤截断、運出自己家珍、高低普応、前後無差、各各現成。」（碧巌録、第十九則垂示）

第四章　禅と仏教一般との関係

(1) 池州崔使君、問五祖大師云、「徒衆五百、何以能大師独受衣伝信、余人為什麼不得。」五祖云、「四百九十九人、尽会仏法。唯有能大師、是過量人。所以伝衣信。」崔云、「故知道非愚智。便告大衆、総須記取。」師云、「記得属第六識。不堪無事珍重。」

示衆云、「空劫之時、無一切名字。仏才出世来、便有名字。所以取相。」

師又云、「只為今時執著文字、限量不等。大道一切、実無凡聖。若有名字、皆属限量。所以江西老宿云、『不是心、不是仏、不是物。』且教後人与麼行履。今時尽擬将心体会大道。道若与麼学、至弥勒仏出世、還須発心始得。有什麼自由分。只如五祖会下四百九十九人、盡会仏法。唯有廬行者一人、不会仏法。只会道、不会別事。云々」（南泉録）

(2) 問、「如何是目前仏。」師云、「殿裏底。」（趙州録）

(3) 雲門因僧問、「如何是心」、師云、「心。」進云、「不会。」師云、「不会。」（雲門録）

(4) 雲門因僧問、「生死到来。如何排遣」、師云、「存什麼処。」（雲門録）

(5) 汾陽因僧問、「如何是祖師西来意」、師云、「青絹扇子足風涼。」（禅林類聚第四）

(6) 雲門示衆云、「叢林言話即不要。什麼生是宗門自己。」代但展両手。（雲門録）

(7) 薬山僧問、「什麼処来。」僧云、「湖南来。」山云、「洞庭湖水満也未。」僧云、「未満。」山云、「許多時雨水、為什麼未満。」雲巌云、「湛湛地。」洞山云、「什麼劫中曾欠少。」雲門云、「祇在這裡。」（雲門録）

(8) 僧問、「如何是禅。」師云、「今日天陰、不答話。」（趙州録）

(9) 僧問、「如何是禅。」師云、「是。」（雲門録）

(10) 僧問、「如何是禅。」師云、「拈却一字得麼。」（雲門録）

(11) 上堂、挙「僧問巴陵鑒和尚、『祖意教意、是同是別。』鑒云、『雞寒上樹、鴨寒下水』」、師云、「大小大巴陵、只道得一半。白雲即不然。掬水月在手、弄花香満衣。」（五祖録）

(1) 趙州（七七八―八九七）因僧問、「如何是一句」、師応諾。僧再問。師云、「不患聾。」（趙州録）

(2) 僧問、「如何是第一句。」師咳嗽。云、「莫便是否。」師云、「老僧咳嗽也不得。」
僧問、「如何是一句。」師云、「道什麼。」
僧問、「如何是一句。」師云、「是両句。」（趙州録）

(3) 首山省念（九二六―九九三）、因僧問、「一句了然超百億。如何是一句」、師云、「到処挙似人。」僧云、「畢竟事如何。」師云、「但知恁麼道。」（伝燈録巻十三）

(4) 趙州因僧問、「一燈燃百千燈。一燈未審従什麼処発」、師便趯出一隻履。（趙州録）

(5) 利山禅師。僧問、「衆色帰空。空帰何所。」師云、「舌頭不出口。」云、「為甚麼如此。」師云、「内外一如故。」（禅林類聚巻七）

(6) 谿山和尚。僧問、「縁散帰空。空帰何処。」谿云、「某甲。」僧応諾。谿山「空在何処。」曰、「却請和尚道。」谿曰、「波斯喫胡椒。」（伝燈録巻八）

(7) 傅大士（四九七―五六九）云、「空手把鋤頭、歩行騎水牛。人従橋上過、橋流水不流。」（善慧大士録）

(8) 芭蕉和尚示衆云、「你有拄杖子、我与你拄杖子。你無拄杖子、我奪你拄杖子。」無門云、「扶過断橋水、伴帰無月村。若喚作拄杖、入地獄如箭。」（無門関）

(9) 趙州僧問、「貧子来、将什麼物与他。」師云、「不欠少。」又云、「守貧。」（趙州録）

(10) 厳陽尊者問趙州、「一物不将来時如何。」州云、「放下著。」者云、「已是一物不将来、放下這

什麼。」州云、「恁麼則担取去。」（葛藤集）

(11) 南院慧顒。僧問、「久在貧中、如何得済。」師云、「満掬摩尼親自捧。」（南院録）

(12) 曹山和尚因僧問云、「清税孤貧。乞師賑済」、山云、「税闍梨。」税応諾。山曰、「青原白家酒、三盞喫了、猶道未沾唇。」（無門関）

(13) 雲門有時云、「宗門七縦八横、殺活臨時。」僧便問、「如何是殺。」師云、「冬去春来。」僧云、「冬去春来時如何。」師云、「横担拄杖、東西南北、一任打野榸。」（雲門録）

(14) 香厳一日謂衆曰、「如人在千尺懸崖、口銜樹枝、脚無所蹋、手無所攀、忽有人問、『如何是西来意』、若開口答、即喪身失命。若不答、又違他所問。当恁麼時作麼生。」（伝燈録巻十一）

(15) 一僧問師云、「黄梅意旨、甚麼人得。」師云、「会仏法人得。」僧云、「和尚還得否。」師云、「我不会仏法。」（六祖壇経）

(16) 裴相国一日請師至郡、以所解一編示師。師接置於座、略不披閲。良久曰、「会麼。」裴曰、「未測。」師曰、「若便恁麼会得、猶較些子。若也形於紙墨、何有吾宗。」（古尊宿語録第二）

(17) 趙州僧問、「経曰、『万法帰一。』一帰何処。」州云、「老僧在青州作得一領布衫、重七斤。」（趙州録）

(18) 香林遠禅師。僧問、「如何是祖師西来意。」師云、「坐久成労。」（碧巌録第十七則）

(19) 禾山。僧問、「如何是真過。」山云、「解打鼓。」又問、「如何是真諦。」山云、「解打鼓。」又問、「即心即仏即不問。如何是非心非仏。」山云、「解打鼓。」（碧巌録第四十四則）

(20) 馬大師不安。院主問、「和尚近日尊候如何。」大師曰、「日面仏、月面仏。」（碧巌録第三則）

(21) 趙州。僧問、「百骸俱潰散。一物鎮長霊時如何。」師曰、「今朝又風起。」（趙州録）

(22) 首山省念。僧問、「如何是仏法大意。」山云、「楚王城畔、汝水東流。」（首山録）

(23) 睦州。僧問、「如何是諸仏師。」州云、「釘釘東東、骨低骨董。」僧問、「如何是禅。」師云、「南無三宝。」進云、「不会。」師云、「咄這蝦蟆。得与麼悪業。」又有僧問、「如何是禅。」師云、「摩訶般若波羅蜜。」進云、「不会。」師云、「抖擻多年穿破衲、襤毿一半逐雲飛。」

僧問、「如何是超仏越祖之談。」師驀拈拄杖示衆云、「我喚作拄杖。你喚作什麼。」僧無語。師再将拄杖示之云、「超仏越祖之談、是你問麼。」僧無語。（睦州録）

(24) 南院慧顒。僧問、「如何是仏。」師云、「如何是仏。」又云、「我不曾知。」又云、「彼有即你道。」僧云、「与麼則和尚無仏也。」師云、「正当好処。」僧云、「如何是好処。」師云、「今日是三十日。」（南院録）

(25) 五祖法演上堂云、「昨日有一則因縁、擬挙似大衆、却為老僧忘事都大、一時思量不出。」乃沈吟多時云、「忘却也、忘却也。」復云、「教中有一道真言、号聡明王。有人念者、忘即記得。」遂云、「唵阿盧勒継娑婆訶。」乃拍手大笑云、「記得也、記得也。覔仏不見仏、討祖不見祖。甜瓜徹蒂甜、苦瓠連根苦。」下座。（五祖録）

(26) 投子大同因僧問、「如何是仏」、云、「仏。」問、「如何是道。」云、「道。」問、「如何是法中法。」云、「法中法。」（投子録）

(27) 師問修山主、「毫釐有差、天地懸隔。兄作麼生会。」修曰「毫釐有差、天地懸隔。」師曰、「恁

麼会、又争得。」修曰「和尚如何。」師曰、「毫釐有差、天地懸隔。」（伝燈録第二十四）

(28) 天台山徳韶国師、歴参五十四員善知識。皆法縁未契、最後至臨川、謁法眼。眼一見深器之。師以編渉叢林、亦倦於参問。但随衆而已。一日法眼上堂。僧問、「如何是曹源一滴水。」眼曰「是曹源一滴水。」僧惘然而退。師於坐側豁然開悟。平生凝滞、渙若氷釈。（五燈会元巻十）

(29) 玄沙師備云、「汝諸人如似在大海裏坐、没頭水浸却了、更展手向人乞水喫。還会麼。」僧問、「如何是学人自己。」師曰、「用自己作麼。」（伝燈録巻八）

(30) 師一日与韋監軍喫果子。韋問、「如何是日用而不知。」師拈起果子曰、「喫。」韋喫果子了、再問之。師曰、「只者是日用而不知。」

問、「学人乍入叢林。乞師指箇入路。」師曰、「還聞偃渓水声否。」曰、「聞。」師曰、「是汝入処。」（伝燈録巻十八）

(31) 有時一喝如金剛宝王剣、有時一喝如踞地金毛獅子、有時一喝如探竿影草、有時一喝不作一喝用。（臨済録）

(32) 師問洛浦云、「従上来一人行棒、一人行喝。阿那箇親。」洛浦云、「総不親。」師曰、「親処作麼生。」洛浦便喝。師便打。（臨済録）

(33) 芭蕉山慧清。僧問、「請師直指本来面目。」師黙然正坐。（伝燈録巻十二）

(34) 資福如宝。僧問、「如何是応機之句。」師黙然。（伝燈録巻十二）

(35) 杭州文喜禅師、因僧問、「如何是自己」、師黙然。僧罔措。再問。師曰、「青天蒙昧、不向月辺飛。」（伝燈録巻十二）

(36) 曹山本寂、因僧問、「無言如何顕」、師曰、「莫向遮裡顕。」曰、「向什麼処顕。」師曰、「昨夜三更、牀頭失却三文銭。」（伝燈録巻十七）

(37) 首山省念禅師。僧問、「無弦琴請師音韻。」師良久曰、「還聞麼。」僧曰、「不聞。」師曰、「何不高声問著。」（伝燈録巻十三）

(38) 保福従展。僧問、「欲達無生路、応須識本源。如何是本源。」師良久、却問侍者、「適来僧問什麼。」其僧再挙。師乃喝曰、「我不患聾。」（伝燈録巻十九）

(39) 霊雲志勤。僧問、「仏未出生時如何。」師竪起払子。云「出世後如何。」師亦竪起払子。（禅林類聚第十六巻）

(40) 黄檗希運禅師、「月似彎弓、少雨多風。」（黄檗録）

(41) 竜潭崇信禅師。一日問曰、「某自到来、不蒙指示心要。」悟（天皇道吾）曰、「自汝到来、吾未嘗不指示汝心要。」師曰、「何処指示。」悟曰、「汝擎茶来、吾為汝接。汝行食来、吾為汝受。汝和南時、吾便低首。何処不指示心要。」師低頭良久。悟曰、「見則直下便見。擬思即差。」師当下開解。（伝燈録巻十四）

(42) 定上座初参臨済問、「如何是仏法大意。」済下禅牀擒住。師擬議。済与一掌。師佇思。傍僧曰、「定上座、何不礼拝。」師方作礼、忽然大悟。（五燈会元巻十一）

(43) 師在鎮府斎回。到橋上坐次、逢三人座主。一人問、「如何是禅河深処、須窮到底。」師擒住擬抛向橋下。二座主近前諫曰、「莫怪触忤上座。且望慈悲。」師曰、「若不是這両箇座、直教他窮到底。」（同前）

解説　〃わたし〃を徹見すること

秋月龍珉

つい先年のことである。ある外人の集まりに臨んだ大拙先生は、「バイブルに神が光あれと言ったら、光が現れて夜と昼とができたとあるが、いったい誰がそれを見ていたのか」という質問を発せられた。会集一同、何を馬鹿なことを言い出すかというような顔をするのみで、誰一人としてこの難問に答え得る者はなかったという。先生は後で筆者に言われた、「わしは言った。わしが見ていたのだ。このわしが、その証人なんだ、とね。ほかならぬわれわれのこの心に、そのはたらきがあるのだ。わしらは時々刻々それを行《ぎょう》じているのだ」と。

言うまでもなく、先生がここで「わし」と言われるのは、臨済禅師のいわゆる「常に汝等諸人の面門より出入する」「無位の真人」にほかならない（本書五十三―四ページ参照）。天地の初めの神の創造は、先生によればわれわれの実存成立の即今目前の事実である。

先生のよく引用される『聖書』の言葉に、「アブラハムの生まれぬ前から、わたしは存在する（Before Abraham was, I am.）」（「ヨハネ伝」八章五十八節）という一節がある。「アブラハムの生まれぬ前から存在する私」これこそが真の自己だ、この自己を徹見することが禅だ。先生は禅者としてバイブルをそのように読まれる。白隠下の公案にも、「天地の初めの時、国常立命《くにのとこたちのみこと》が出現されたというが、どう出現めされたぞ」というのがある。

もちろん、このような『聖書』解釈は、正統キリスト教徒の取らぬところである。ここにいう「アブラハム」とは、単にユダヤ民族の祖というだけでなく、時間の中に生まれ、時間の中に死ぬ、有限なわれわれ人間の代表者である。キリストは、「初めに言《ことば》があった」「言は神であった」という、その言――ロゴス――そのものであり、アブラハムはおろか、万有の未だ生ぜざる以前に存在する那一人《ないちにん》であるとする、後世のキリストに対する信仰を反映してイエス金口《こんく》の説（イエス自身の言葉）として記述されたものが、前記の「ヨハネ伝」の記事であろう。先生は逆に、それをイエス自身の宗教的自覚の証言とし、取ってもってただちに自分たち禅者の体験の表詮とされる。

キリスト教徒から見れば、これは恐ろしい傲慢《ごうまん》であろう。しかし、先生はあえていう。「I am と現在形で書いてあるだろう。そこがおもしろい。それは時間を超越して絶対的にあること、すなわち永遠者を意味するのだ」と。

注意せねばならぬことは、仏教徒はこうした永遠者を表現するとき「不生不滅」という。たとえば『伝心法要』に、「この心は無始よりこのかた曾つて生せず曾つて滅せず」という。盤珪禅師《ばんけいぜんじ》のいわゆる「不生の仏心」である。ところが、キリスト教徒は、これを「我はアルパなりオメガなり、始めなり終りなり」という。どこまでも時間的に、時間の上でとらえる。ここにキリスト教の「歴史性」という特色がある。この場合も、ロゴスは千九百年前に肉体となってわれらの内に宿りキリストとなったという、この一回きりの歴史的事実を信ずるか否かが、正統キリスト教信仰の核心である。主はキリスト・イエス唯一人である。アブラハムの生まれぬ前から存在する「わたし」はけっして端的にこの時この処のこの私ではありえない。もし、先生のような読み方をすれば禅的キリスト教（Zen Christianity）になってしまう。

禅の特色はこの「端的性」にある。臨済いうところの「黄檗の仏法多子なし」というそれである。先生のよく引用されるエックハルトなどのキリスト教神秘主義と映発して、こうした Zen Christianity が今後のキリスト教の中に一大勢力として興り得るかどうか。筆者自身はこれを肯定する者であるが、まことに興味ある問題である。

趙州禅師にある僧が尋ねた、「ただ釈尊お一人だけがわれわれ人類の大恩教主である、というのはどうですか？」趙州は言下に答えた、「そんなのは悪魔の言葉だ」（趙州録）。「一切衆生悉有《しつう》仏性」（涅槃経）という。「一切衆生は如来の智慧徳相を具有す」（華厳経）という。また「一仏成道して法界を観見すれば、草木国土悉皆成仏す」（同）ともいう。達摩大師は「妄を捨て真に帰し、壁観に凝住すれば、自なく他なく、凡聖等一なり」（二入四行観）と言った。言が受肉（incarnatio）してキリストとなった歴史的事実の一回きりの啓示を信じて救われるのでなしに、仏教者はむしろ「初めに言があった……すべてのものはこれによってできた。できたもののうち、一つとしてこれによらないものはなかった」（『ヨハネ伝』）という、その「言《ロゴス》」こそが一切衆生悉有仏性といわれる自己の本性（仏性）であると見る。この自性を徹見して＝見性して成仏するのが、禅である。この「不生の仏心」こそは、「衆生たる時この心減せず、諸仏たる時この心添《ま》さず」（『伝心法要』）である。ここに禅者の安心立命がある。

「神が光あれと言ったら、光が現れて夜と昼とができたという」が、〃だれ〃がそれを見ていたのだ」「キリストが、アブラハムの生まれぬ前から私は存在するという、その〃わたし〃を徹見せよ」――これは、先生がキリスト教世界の人々に贈った新しい公案である。六祖大師の「本来の面目」、趙州禅師の「庭前の柏樹子」、白隠禅師の「隻手の音声」等と同じく、そこに大拙先生の大悲心より発する賊機を見得るキリスト者が、はたしてありや如何。

先生は本書の中で言っておられる（一八六ページ）。「自分は多くを言いすぎたようだ。そして〃タタター〃（如 as-it-is-ness）は、遠く無限の彼方に去ってしまった」と。わたしは本書の読者が先生のさまざまな言詮に引き廻されることなく、端的驀直《まくじき》に常に先生の指し示すかの一点＝臨済いうところの「一無位の真人」に、みずから契当証拠されんことを祈って、本書解説の言葉とする。

因みに、本書の第一章「禅」は、"Encyclopedia Britanica"（一九六三年版）に、第二章「悟り」は、"The Review of Religion"（New York : Columbia University Press, 1954, Vol. XVIII, Nos. 3－4, pp. 133－144）に書かれたものである。第三章「禅の意味」、第四章「禅と一般仏教との関係」、第五章「禅指導の実際的方法」、第六章「実存主義・実用主義と禅」は、William Barrett 氏編の "Zen Buddhism, selected writings of D. T. Suzuki"（Doubleday Anchor Books, New York, 1956）の中から訳された。そのうちの前三編は先生の英文主要著書の一つ『禅論文集巻一』（Essays in Zen Buddhism, First Series）から取られ、今回初めて邦訳されたものである。第七章「愛と力」は、一九五八年のブラッセル万国博覧会で読まれたメッセージの邦訳である。

最後に、訳者工藤澄子さんは単なる学究ではなく京都の南禅寺本山僧堂に十年余も通参されている柴山全慶老師旧参の大姉である。

一九六五年一月十四日　　即非庵にて

この作品は一九六五年二月二五日、「グリーンベルト・シリーズ61」として筑摩書房より刊行され、のち一九七一年五月二〇日、「筑摩教養選11」、一九八七年九月二九日、ちくま文庫として再刊された。

今回の刊行にあたって、ちくま文庫版を底本とした。

鈴木大拙　すずき・だいせつ

一八七〇年（明治三年）、金沢市に生まれる。国際的に著名な仏教哲学者。本名は貞太郎。一八九一年（明治二四年）、東京に遊学。東京大学選科に学びつつ、鎌倉円覚寺の今北洪川、釈宗演の下で参禅。一八九七年（明治三〇年）、一元論的実証主義者P・ケーラスをシカゴにたずね、一一年間とどまる。一九〇九年（明治四二年）帰国、禅を広く海外に紹介し、大乗仏教の国際性を宣布した。一九四九年（昭和二四年）、文化勲章受章。一九六六年（昭和四一年）死去。主著『楞伽経研究』『日本的霊性』『禅と日本文化』ほか。

ワイド版

禅《ぜん》

二〇一七年二月二五日　初版第一刷発行

著　者　鈴木《すずき》大拙《だいせつ》

訳　者　工藤《くどう》澄子《すみこ》

発行者　山野浩一

発　行　株式会社筑摩書房

東京都台東区蔵前二-五-三　郵便番号　一一一-八七五五

振替　〇〇一六〇-八-四一二三

装幀者　神田昇和

印刷 製本　中央精版印刷株式会社

乱丁・落丁本の場合は左記宛にご送付ください。

送料小社負担でお取り替えいたします。

ご注文、お問い合わせも左記へお願いいたします。

筑摩書房サービスセンター
さいたま市北区櫛引町二-六〇四　〒三三一-八五〇七　電話　〇四八-六五一-〇〇五三

　ISBN978-4-480-01702-4　C0015